酷威文化
图书 影视

管理者20法则

[美] 丽莎·汉娜伯格◎著
芦晓菲◎译

DEVELOPING GREAT MANAGERS:

20 Power-Hour Conversations
That Build Skills Fast

四川文艺出版社

图书在版编目（CIP）数据

管理者20法则 /（美）丽莎·汉娜伯格著；芦晓菲译. -- 成都：四川文艺出版社，2024.1
ISBN 978-7-5411-5536-9

Ⅰ.①管… Ⅱ.①丽…②芦… Ⅲ.①企业管理 Ⅳ.① F272

中国国家版本馆 CIP 数据核字 (2023) 第 208636 号

著作权合同登记号 图进字：21-2019-551
Copyright © Lisa Haneberg, 2008
Published by arrangement with the Association for Talent Development, Alexandria, Virginia, USA.
through Andrew Nurnberg Associates International Limited

GUANLIZHE 20 FAZE
管理者20法则

[美]丽莎·汉娜伯格 著
芦晓菲 译

出品人	谭清洁
出版统筹	刘运东
特约监制	王兰颖　李瑞玲
责任编辑	陈雪媛
选题策划	王兰颖
特约编辑	房晓晨
营销统筹	张　静　田厚今
封面设计	MM末末美术
责任校对	段　敏

出版发行	四川文艺出版社（成都市锦江区三色路238号）
网　址	www.scwys.com
电　话	010-85526620

印　刷	北京永顺兴望印刷厂		
成品尺寸	145mm×210mm	开　本	32开
印　张	7.25	字　数	150千字
版　次	2024年1月第一版	印　次	2024年1月第一次印刷
书　号	ISBN 978-7-5411-5536-9		
定　价	39.80元		

版权所有·侵权必究。如有质量问题，请与本公司图书销售中心联系更换。010-85526620

前言
Foreword

我认为，管理技能是管理者通过不断的努力和工作经验的积累，所培养出的一种能力。优秀的管理者会将设定的目标与最终的结果进行比对分析，以此改进工作流程。他们是高效率的事业型人才，会对公司的经营结果产生重大而积极的影响。职业管理者的工作具有挑战性，他们需要在不断变化的环境中满足所有业务需求，比如，为企业解决当务之急，消除发展障碍；除此之外，他们还要随时照顾员工们的情绪。所以，出色的管理者在很多方面都有非凡的才能。

如果最后取得的业务成果并没有那么令人满意，就要重新评估身为"执行发动机"的管理者是否处于最佳状态。我喜欢将管理者比作执行发动机，因为这个词语有助于突显管理者的重要性。通常情况下，如果管理者对自己的管理职能并没有明确的界定，那么他将无法"产出"最佳的管理结果。因此管理者的首要任务是对自己的管理职能进行初步的定位，并尽可能地规划出最可靠的管理方案。

我不赞成管理者参加固定的培训课程。虽然每年为期一周的培训课程确实会对管理者有所帮助，但这种培训课程的作用，明显低于那些具有实操性的实践练习法，因为只有实践练习法才能为管理者或公司解决迫在眉睫的问题。与管理者所拥有的其他技能一样，管理能力并不是一次性的"输入"行为，而是需要不断地培养和提升。

本书旨在打造一种学习环境，从而帮助管理者在管理方面做到人尽其才。当你使用本书中的内容对管理者进行课程培训时，切记，无论参加培训的管理者多么优秀，也不要一个培训班只上一节课，一定要多次授课，直到他们将全部的技能都掌握了为止。另外，培训管理者时要确保课程内容和流程的简洁，要把更多的时间和精力集中于如何帮助"执行发动机"保持充足的马力。简而言之，最好的管理培训方法，必须是最易操作和执行的。

我作为一名管理能力和领导力培训师已达二十五年，在此期间也看到了人们如何利用不同的方法进行管理培训。有些管理者会进大学参加培训，有些则自我探索培训方法。本书结合了两者的优势，提供了一种能使管理者获得有效提升的训练方法——"能量小时"法。我希望你能利用本书的"能量小时"课程，开启自己的管理培训之旅。

丽莎·汉娜伯格

目 录
CONTENTS

第一章　成长中的管理者

第一节	如何充分利用本书	003
第二节	如何帮助管理者学习和成长	007
第三节	创造学习文化	018
第四节	如何使用能量小时	039
第五节	确定时间用得其所	046

第二章　能量小时

| 第六节 | 二十个"能量小时"的管理者培训课程 | 057 |
| 第七节 | 能量小时——现代管理 | 063 |

第八节	能量小时二——对自己的期望值	068
第九节	能量小时三——管理和提高自己的声誉	074
第十节	能量小时四——管理 A-B 框	083
第十一节	能量小时五——管理过滤器	088
第十二节	能量小时六——确定衡量指标	095
第十三节	能量小时七——大满贯全垒打	103
第十四节	能量小时八——定义优秀	111
第十五节	能量小时九——传达期望值	121
第十六节	能量小时十——如何制订计划	131
第十七节	能量小时十一——结果导向反应	140
第十八节	能量小时十二——会议的召开	145
第十九节	能量小时十三——管理时间	154
第二十节	能量小时十四——内部客户服务质量	160

第二十一节	能量小时十五——领导力传承	166
第二十二节	能量小时十六——学会何时和如何拒绝	171
第二十三节	能量小时十七——根据目标调整部门	179
第二十四节	能量小时十八——一对一会议	185
第二十五节	能量小时十九——提高思维的活跃性	194
第二十六节	能量小时二十——加强团队的合作精神	199

第三章　使用和推广能量小时

第二十七节	宣传和启动能量小时	207
第二十八节	制订年度培训计划	213
第二十九节	结语	219

关于作者　　　　　　　　　　　　　　221

第一章 成长中的管理者
Developing Great Managers

第一节 如何充分利用本书

本节概要

- 为什么管理培训需要采用适当的方法
- 目标读者
- 本书的主要内容

为什么管理培训需要采用适当的方法

许多企业都曾想尽一切办法,试图让管理者提高他们处理事务的能力,让他们不断地成长。可通常情况下,最需要自我提升的人往往是最不可能参加管理培训的,因为这部分人总是公务缠身,没有太多时间参加传统的、学习周期长的培训课程。此外,职场需求变化之快,以至于培训的内容无法跟上职场变化的步伐。所以,培训部门面临的难题是在提供相关培训服务的同时,还要考虑成本的控制与节约。可事实上,这两方面往往会相互冲突。虽然有时在线培训能起到一定的作用,但"开发"专业的在线学习课程不仅成本高昂,而且耗时费力。

当培训部门排除了这些困难,展开管理者培训计划时,培训师即将面临两个棘手的问题,其一就是如何在培训过程中吸引学员,并与他们进行有效的互动。关于这个问题,需要管理者的自我监督。如果管理者想要提升管理水平,就一定要主动参与到培训课程中。

第二个问题则是大多数企业都不愿意花费数千美元对管理者进行培训,所以,如何让企业愿意在管理者身上投入资金,也是亟待解决的问题。一般而言,除非培训师的能力卓越非凡,否则,管理者很难让企业心甘情愿地在自己身上花钱,以通过培训课程学到最有用的知识。在这里值得一提的是,这种线下的培训课程,在培训时往往会忽略非常重要的服务内容,即如何掌握高效的谈话技术,以及如何更好地管理员工。

对于培训师而言,与谈话沟通有关的学习课程既给他们带来了机遇,也会使他们面临挑战。因为在这种情况下,培训师有机会为商业谈话提供强有力的助推。

在培训的道路上走过二十五载后,我才意识到,自己所提供的关于谈话沟通的培训方案,是我为企业和管理者所做的最有价值的事情。当我们试图提高谈话技巧,使商务谈话变得简单有效时,就会遇到各种挑战,不过这类问题的解决方法也可以说是无处不在。如今,管理培训仿佛正在进入一个新的维度,可实际上却只是绕了一圈又回到了过去,回到了最初的管理培训的核心内容——建立高效的对话模式。虽然我们建立谈话的方式变多了,例如播客和博客,但是我们常常会有一种回到起点的感觉,比如,用"沙龙法"进行管理培训——随着话题的改变,与管理者进行深层次、

· 第一章 成长中的管理者

具有争论意义的非正式谈话。

这种"沙龙法"的管理培训,也推动了其他培训方式的发展,例如博客和个人网站,这些网络平台不但促进了管理者之间的交流以及公司人员之间的沟通,还使职场变得更加真实透明。所以,我们的培训方案也在针对这些变化不断地完善强化。

目前我们所见到的培训方案,大都为管理者提供了全天或为期一周的培训课程。在这本书中,我所提出的培训方案是与管理者进行二十个"能量小时"的对话。这二十个能量小时可以帮助管理者在非正式的培训过程中获得管理方面的知识。读完这本书你会发现,人们在短时间内获得的管理方面的知识,将比在传统耗时的培训课程中获得的更多。作为培训师,你会发现这种方法会让你所面对的管理者对你刮目相看,他们会发现这些简短的培训内容更适合他们忙碌的工作方式,也更加有效实用。

目标读者

虽然这本书是针对管理培训师而著,但中高层管理人员也能从中学到一些管理团队的方法。我知道,并非每家公司都有专业的管理培训师。所以本书旨在帮助所有引导者(管理培训师以及中高层管理人员),使其指引管理者不断成长和发展。

如果你在一家全球五百强的企业工作,并且正在为管理者制订企业大学培训计划,那这本书可能不合适你。除此之外,即使你的企业已经提供了更为正式的培训课程,我也建议你体验一下书中的二十节能量小时课程。这些课程会对正式的培训内容起到强化的作用，使管理者在大型培训活动中积极高效地沟通、管理。

本书的主要内容

本书的前四节对管理培训的相关知识进行了基本介绍，从而引导读者继续深入学习第七节到第二十六节中关于能量小时的具体课程。请不要略过这些开篇章节，因为在开篇部分，我讲述了一些关于如何培训管理者，并使其从中获益的方法。此外，如果培训师想了解课程设计的哲学原理和我对管理培训的看法，请参阅第三节的内容。建议培训师熟读管理培训理论（第二节）部分，以及每位管理培训师应具备的技能（第三节）。

关于提供给培训师的有关管理培训的二十个能量小时的指南，请参阅第二部分"能量小时"章节。

读后实践

- 通过管理培训，你想达成什么目标？
- 阅读并使用本书所提到的能量小时方法，将你的目标逐一筛查，看看是否可以实现。

第二节 如何帮助管理者学习和成长

本节概要
- 成年人如何学习——成年人学习与管理培训理论
- 管理者如何学习
- 减少管控
- 提高学习能力和实践应用能力的十种因素

成年人如何学习——成年人学习与管理培训理论

通常，我们会将成年人学习的基本原理，应用于培训管理者的实践中。请参阅下栏中的基本理论，这些理论会指导成年人如何学习，以及培训师应如何将这些理论内容运用在工作中。

成年人学习的基本理论

√成年学员需要知道，他们所学到的新的知识和技能应与自己想要达成的目标紧密相连，并有助于目标的实现。另外，他们应该全身心地投入学习过程中。

√成年学员对与生活和工作相关的示例和应用，能更快做出反应，也会比较积极地参与互动。请一定要与学员们探讨：

如何将培训内容应用于他们自己的实际管理中。

√成年学员不喜欢被迫参加培训课程。他们希望提出自己关于学习和培训的想法，或从培训师给出的一系列选项中进行选择。培训师应避免为学员指定学习内容以及培训课程。相反，培训师应与学员们进行谈话与沟通，提出相关问题，并让学员们自行决定他们所需要培训的内容。

√成年学员可能会对他们的主管所建议的培训课程产生戒备心理。所以，请让你的学员参与到课程规划环节中，让他们自己设定目标，以及确定实现目标所需要的方式或技能。

√成年学员大都在事业上小有成就，所以他们可能不愿意与大家分享曾经犯下的错误或自己性格上的弱点。这时，就需要培训师帮助学员找到适合他们的学习环境，并重新定义成功，以便公开讨论和学习如何减少恐惧感和焦虑感。

√成年学员取得进步，并接受意见反馈时，培训师需要确定他们的技能掌握程度，并鼓励他们立即开始应用新的技能。

√成年学员参加学习或培训课程时，可能已有几年的工作经验，并形成了自己的思维方式。所以，培训师需要让他们分享一些对事物的认知偏见，并引导他们摆脱这种偏见，让他们学会运用与常用的思维方式相反的理念和方法。在引导时，培训师应有耐心，让学员们在思想上慢慢过渡。

√虽然成年学员不喜欢被迫学习，但他们一定想要被培训，这是他们选择参加培训的初衷。因此，培训师要与这些学

· 第一章 成长中的管理者

员进行开诚布公的谈话,并将谈话内容聚集于他们渴望实现的目标上,以帮助他们进步。

管理者如何学习

成年人的学习方式与儿童不同,培训师需要了解成年人的学习方式,以帮助学员培养技能并促进他们思维的成长。这些方式和理念也与管理培训有关。另外,作为管理培训师,你还需要精通管理培训理论(MTT)。以下是 MTT 主要的使用者和应用环境:

· 忙碌的管理者。许多管理者的时间安排都非常紧张,所以培训课程必须让他们学有所获,提高他们的管理能力,否则培训对他们来说就是在做无用功。此外,短期的培训课程更适合忙碌的管理者。

· 许多管理者经常会遇到急需处理的事务、目标越来越大的项目和繁多的会议。面对这些棘手的问题,管理者可以通过管理培训课程学会有的放矢。

· 许多管理者在工作中会感到不知所措和无形的压力。这些问题可能会影响管理者在培训中的逻辑思维状态。在这种情况下,培训师应该将培训重点放在减少管理者的压力和负面情绪上。

· 许多管理者的能力在工作中没有完全体现出来。通常这种问题的起因不是不知道如何做,而是不知道如何管理时间。如果没有意识到是方法出了问题,依旧使用相同的管理方法反复地培训,那么,管理者的管理水平就会一成不变、原地踏步。对于想尝试新方法的管理者而言，他们需要了解更多的有效规划工作时间的方法，还要知晓使用这些新方法会给他们带来哪些益处。

如果培训师意识到管理者的时间是宝贵的，并在有限的时间内付诸行动，那么，管理培训效果将会更加显著。培训师在设置课程、发送邮件通知和安排会议时，需要时刻牢记管理培训理论。

减少管控

在培训过程中，培训师应尽可能地减少管控。因为培训师管控得越少，培训的效果也就越好。作为管理培训的专业人员，培训师经常被告知自己的职能是帮助管理者控制预算和调配资源，但这里的控制预算不应该被包含在培训计划中。适当放松对某些环节的把控是一个很不错的方法，虽然减少管控需要一些勇气和信心，但这往往会带来很好的结果。同样，减少对会议和项目的掌控也会带来好的结果。

最有效的学习课程不会提前加工润色、精心准备或编排。本书所讲到的能量小时培训课程就是这种有效的方法，它不会给学员提供"剧本"，也不会实时跟踪指导，更不会通过过度打磨润色课程内容，来增强学习者应用技巧的能力。

综上所述，前文所提到的沙龙法是一种正确有效的管理培训方法。因为沙龙法具有逐步性、激励性和变化性，所以运用沙龙法启动对话后，可以对管理者之后的工作起到支撑作用。在这种沙龙式培训中大家一致认可的事物，将成为改变人们工作方式的

· 第一章 成长中的管理者

催化剂。本书为想学习如何进行工作谈话的伟大管理者提供了许多方法。

提高学习能力和实践应用能力的十种因素

当我们了解了管理者的学习方式后,就不再需要过度控制。那么,对于管理培训,我们应该采用什么方法呢?目前有许多很好的方法,既能激发管理者的思维能力,又便于掌握和应用。优质的管理培训结合了高质量的内容,以吸引不同的学习者,促进管理者的成长。下面列举了十种可以提高管理者学习能力和实践应用能力的因素,并对其进行了详细的阐释。

提高管理者学习能力和实践应用能力的因素

1. 科学合理性;
2. 明星影响力;
3. 培训师的吸引力;
4. 激发性;
5. 共鸣性;
6. 关联性对话;
7. 观点的多样性;
8. 宽 VS 深;
9. 满足需求;
10. 触及尝试性。

管理者20法则

科学合理性

　　管理培训内容应建立在坚实的理论基础上，其内容所涉及的一些理论与技巧应具有科学合理性，并在实践中切实可行。虽然这听起来简单易操作，但有些培训计划明显偏离了这条轨道。管理者没有时间浪费在无意义的活动上面，他们需要真实的理念和易操作的方法以辅助他们当前的工作。在这里要注意，单纯地为了娱乐和激发智力而学习一些没意义的内容，会导致时间和资源的浪费。

明星影响力

　　我们可以借用培训领域中一些名人的影响力，表达某些理念。如果管理者看过马库斯·白金汉、汤姆·彼得斯和本杰明·赞德的演讲，那这些人就会对管理者产生影响力。

　　所以，明星影响力意味着，要尽可能地借用名人名言，说出你想说的话。例如以鼓舞人心的视频开始你的培训课程，或者让学员事先阅读《哈佛商业评论》[①]中的文章。有很多名人名言与我们的想法或观念一致，所以在管理培训时培训师直接引用相关的名人名言会取得很好的效果。但不要总使用一些空有噱头或风靡一时的人或事物，因为管理者们对这些人或事物常常抱有厌烦的心理。

---

① 哈佛商学院的标志性刊物，全球顶尖的管理学杂志。

· 第一章 成长中的管理者

培训师的吸引力

你是具有吸引力的培训师吗？一般情况下，人们喜欢与有吸引力的培训师一起共事。他们幽默、有趣、善解人意、聪明、富有吸引力，是很好的倾听者，所以人们乐于与他们交谈。在培训中，培训师有时需要利用这些人格魅力来吸引管理者。如果人们喜欢和你在一起，他们就会更积极地参与到培训课程中。无论性格内向还是外向，都可以成为具有吸引力的培训师。事实上，成为一个令人敬畏的倾听者是一种优秀品质的体现，而且大多数具有吸引力的培训师都愿意与他人分享自己的经验。

激发性

人们经常因为认知偏差而各执己见，即你对事物的看法和另一种观点之间存在一些差异。当我们的培训具有激发性时，它会促使学员以新的思维方式进行思考。但是，我们不应该一味地把注意力放在"激发"上，也需要了解学员的困惑之处，然后提供相应的帮助，帮助他们不断地进步。

当培训内容在学员之间引起强烈的反应时，这些内容就具有激发性。例如烦恼、愤怒、兴奋、迷恋、好奇、诱惑，所有的这些情绪都可能是由培训内容激发的。虽然我们不应该经常使学员产生懊恼情绪，但偶尔营造点儿愤怒或沮丧的气氛，然后立刻和他们促膝长谈，可能会对培训效果起到增强的作用。

共鸣性

优质的培训课程会引起共鸣。当我们帮助学员从他们自己的角度看待事物，设身处地为他们着想时，培训课程也就有了共鸣性。以共鸣性为核心的培训内容和受训者的日常工作是紧密相连的。只有这样，才能让管理者在工作时，轻松地联想起课程介绍的理念并加以运用，这就体现出了培训课程的共鸣性。所以，培训师可以时不时地让管理者去思考：应该如何在自己工作的部门中应用培训时讲到的理念和技巧？

关联性对话

关联性对话是指将某些概念、人和事物结合在一起的对话。培训师需要将培训课程中讨论的内容，与真正的商机和挑战联系起来。当很多人聚在一起谈话，并分享他们独到的见解时，你或会注意到此时的气氛是非常有趣的。其实这是因为关联性对话具有趣味性、实用性和激励性，而且会对学员产生较强的吸引作用。

观点的多样性

在培训过程中，可以将那些不同的人，即没有任何共同点的人分配在一个培训小组。这样一来，对于一个话题的讨论，就会产生各种不同的观点或见解。这种形式的谈话往往既具有共鸣性又有激发性，所以，谈话后，小组的每个人都会从中学到很多。

在课程开始之前，可以让学员阅读一些与他们的观点相悖的

· 第一章 成长中的管理者

文章，然后在培训过程中让他们各抒己见。因为观点的多样性不仅对培训效果有益，还会使整个培训过程变得有趣，而且对于管理者而言，多样的观点是做出正确决定的基础。

宽 VS 深

我们将在后面的章节中讲到，若想达到更好的培训效果，最好减少培训主题并在每个培训主题上多花时间，进行深入的探讨。

培训者对一个主题研究得越深入，学员对这个主题的理解就越深刻。培训师经常犯的错误就是，对于那些经常说自己没时间参加培训的管理者，总是持默许态度。如果我们在为期一天的培训课程中，讨论十二个主题，那最后根本不会产生好的效果。好的培训课程是对主题的深入研究，不能仅研究表面，还需要花一些时间对概念和技巧进行深入探讨，以便管理者能够在所学的知识与他们的工作内容之间建立联系，从而实现培训的最终目的。

满足需求

优质的培训课程会满足参加培训的管理者的需求，帮助他们解决工作中的一些棘手事情。

培训课程应满足这一需求——尽管并非总是如此——为管理者、员工和组织服务。如果我们无法确定培训课程是否能解决管理者工作中的问题，那么我们就应该反思现在的这个培训课程是否适合当前的组织状况。

触及尝试性

　　优质的培训会使管理者的工作状态发生明显的变化,并能激发他们挑战新任务的兴趣。培训过程就像做实验,需要通过"安全测试",对一些想法和技巧进行效果检测来判断它们是否能够落实。你将会注意到,本书设计的大部分练习都以解决实际工作中的困难为原则。好的培训会让管理者觉得学有所用。所以,培训师应该先将培训计划拆分为若干部分,然后再以最适合学员的方式进行重新组合,就像汽车爱好者为了更好地了解发动机的工作原理去拆卸、组装汽车一样。

小结

　　以上为提高学习能力和实践应用能力的十种因素。培训师可以据此设计自己的培训计划,并对前文所说的方法进行修改、强化。

　　想要掌握管理培训课程的理念和方法,必须积极实践,以验证这些方法如何使用才能提高管理能力。通常情况下,课程内容不用修改过多,就可以使培训过程从单调到有吸引力,从乏味到有激发性,从抽象到具体。

读后实践

　　·评估你的培训课程,以确定它们是否包含"提高学习能力和实践应用能力的十种因素"。

　　·作为一名培训师,请审视自己是否具有吸引力,并思考如

· 第一章 成长中的管理者

何才能使自己独特的魅力在培训领域中发挥作用;作为一名高层管理者,请回想人们是否想要受雇于你的公司,并说明理由。

·因为时间宝贵,所以培训师在开展每项活动之前,都要先考虑管理者是否能抽出他们宝贵的时间参加这项活动。培训师应尽可能地减少群发电子邮件的次数,并确保所发送的每条信息或每份材料都有重要的意义。

第三节 创造学习文化

本节概要
- 培养学习文化
- 少投入,高产出
- 管理培训师应具备的技能

培养学习文化

如果你是一名管理培训师,受雇于一家拥有良好学习文化氛围的公司,那就太棒了!对培训师而言,如果公司重视管理人员的个人发展,那么这对于培训师来说再好不过了。

作为培训师,我们可以帮助公司建立良好的学习文化。以下是一些构建企业学习文化的方法。

> **你所在的企业是否有学习文化?**
>
> 如果符合以下这些标准,你公司的员工就会喜欢培训学习:
>
> √员工具有好奇心,喜欢冒险。企业环境鼓励人们在工作中充满好奇心和冒险精神。

第一章 成长中的管理者

√允许员工进行尝试,努力寻找新的方法和途径。

√工作场所氛围的营造能激励员工工作。环境布置、声音、气味和装饰都很有趣,吸引人。

√企业各级员工均以多种方式寻求学习机会并接受培训。(这是最有说服力的一点!)员工会踊跃参与公司举办的学习活动。(注意:如果问题出在培训上,本条第二项可能有失准确。)

√对于失败和错误,企业并非持盲目批评的态度。在管理上采用问责制,如果能及时纠正错误,也会对员工进行奖励,视其为从失败中吸取经验。

√企业会给员工更多回报以鼓励他们。当员工受到激励时,他们就会寻求更多学习和发展的机会。

√企业积极支持职位连任制,这样员工会得到发展和晋升的机会。

√企业具有创新精神,并且这种精神体现在企业的各个层面。

√企业利用各种途径推动学习培训和沟通交流,例如现场培训、网络培训、正式培训、非正式培训、一对一培训、团体培训等。有些企业会把这些学习交流活动视为例会的一部分,有些企业会将其作为单独的培训课程。

如何在工作环境中营造良好的学习氛围？管理培训师可以通过各种方式提供有价值、有吸引力的学习机会，帮助企业创造学习条件，打造学习文化，以配合管理者繁忙的工作。另外，培训师也可以给他人树立一个学习的榜样，这点很重要。培训的内容是否实用需要经过实践检验，这样才能找到适合忙碌管理者的学习方法。本书中所讲到的能量小时培训课程是一种有效的方法，既有趣又有助于打造学习文化。

少投入，高产出
小 = 大

如果让我总结一下本书中所包含的管理培训的主题，那就是"小 = 大"。正如我在第二节中讲到的那样，培训师需要意识到管理者的时间就像钻石一样珍贵且稀有。如果让管理者参加为期一周的培训，那么每天忙于各种事务的他们，恐怕很难抽出时间。而且出于对工作的挂记，管理者往往也无法全身心地投入培训学习中。

高效的一小时课程可以成为管理者学习的神奇催化剂。如果培训计划进展良好，那么管理者在培训后就会认真思考——能否将培训内容应用到他们日常的工作管理中。随着时间的推移，能量小时学习方法能产生巨大的影响。虽然本书只涉及二十个能量小时，但你可以使用这种方法，创建数百个能量小时。如果每个月对每位管理者进行一次或两次的一小时能量充电，你会看到他们在管理效率和行为方面产生的变化。

· 第一章 成长中的管理者

高效的对话会在较短的时间内带来巨大的益处,即"小=大",这应该是培训师需要达成的目标和关注的焦点。事实上,即使管理者每次都只利用能量小时课程进行二三十分钟的充电,也可以得到一些收获。

管理培训师应具备的技能
管理培训技能

作为企业和公司的带头人,管理者受到的培训应该是有效的,而不是浪费时间。对于那些全身心投入这项工作中的培训师来说,管理培训是一项重要且有回报的工作(在这里我向你们表示赞赏)。当我们赢得大满贯全垒打时,我们就为企业做出了重大的贡献。然而,当我们没有为(我们或学员们)所付出的时间和资源创造出价值时,我们就会失去一个重要的机会。

成为一名出色的管理培训师需要做些什么?我可以列出我认为所有培训师都应该掌握的十五项技能,但这可能不会对你们所有人都有帮助。你们可能听说过"二八定律"——在任何一组事物中,80%的产出源于20%的投入;同样,我认为二八定律也适用于管理培训。

20%投入获得80%产出

我认为,作为一名优秀的管理培训师,需要具备以下四个重要的技能和特征。虽然可能会与你们之前所了解到的不同,但我认为这是最重要的四种特质。

1. 成功管理者的经历；
2. 商业头脑；
3. 引领学员发展的催化剂般的激情和才华；
4. 建立和促进良好对话的能力。

成功管理者的经历

管理培训师是否需要具备管理经验？我认为是必要的，他们应该拥有的不仅仅是经验，也需要自身的能力，最好他们自己曾经也是优秀的管理者。管理培训是一项艰巨的任务，为了帮助管理者学习和成长，培训师有必要做好这项工作。另外，为了获得管理者的信任，使他们对培训课程有信心，使自己的教学有分量，培训师需要站在管理者的角度与他们进行交流与沟通。

除此之外，管理培训不应该是正式的或经过精心排练的培训。如果培训师能够记住培训内容并将其在培训过程中呈现给管理者，那培训师就不需要管理经验。然而，最佳的管理培训要求培训师能够发起有效的商务对话，而且我相信，能够推动这些对话的人，才是能胜任这项工作的优秀培训师。

另外，还有一种观点或许也不受认可：如果你曾经在一份不喜欢的工作中担任经理两年或两年以上，那你一定无法成为一名优秀的管理培训师。我认为，管理培训师应该热爱管理，喜欢从事与此相关的职业。如果这份工作对你没有吸引力，那么对于管

· 第一章 成长中的管理者

理者而言，你如何才能起到启发他们成长的催化剂作用呢？假如你不愿意当一名管理者，那这个思维也会映射在你的培训工作中。

俗话说："自己做不到的人，只会动嘴巴教别人去做！"如果你不具备管理能力，并且也不想学管理，那么，请不要尝试成为一名管理培训师。

一般，我会从管理层招募管理培训师，从而选拔最好的人才。我会让他们通过自己对其他管理者的帮助，做出自己的贡献，实现自我价值。

商业头脑

管理培训是帮助管理者管理企业的一门艺术。培训师为管理者提供的一切培训都与工作业务有关。比如，帮助管理者了解他们的工作事务，帮助他们进行选择和实践，以使他们能够做好工作，管理好业务。在这里我重点强调的就是：业务。因为若想成为一名出色的管理培训师，就需要了解管理者负责的业务。

商业头脑意味着管理者熟知商业运作模式，也了解一些相关知识，甚至能帮助企业做出正确的判断和决策。重要的是，在管理培训前，培训师需要了解公司的关键指标、战略、目标客户以及市场定位，同时也应该了解公司业务的关键流程，例如预算、目标设定、市场预测、财务分析、项目实施和招聘等。

如果你有管理经验，并且曾经在这方面获得过成功，那么你很可能已经拥有了商业头脑。那些没有直接管理经验的管理培训师，则需要在培训之前了解相关业务。如果不了解公司业务，就很难促进对话，最终会导致失败的结果（会像吉米·巴菲特[①]音乐会上穿的三件套那样突出）。

引领学员发展的催化剂般的激情与才华

出色的管理培训师应同时拥有技能和经验，二者缺一不可。这两者与他们的内心想法和工作动机有关，并会对学员产生持久的影响。

管理培训不是一项简单的工作，它需要培训者充满自信、勇气，以及对管理工作的热情，只有这样，管理培训师才能起到帮助管理者成长和提升能力的作用。

之所以这么说，是因为我曾看到过很多管理培训并没有产生应有作用，甚至还对学员造成了负面的影响。看到这种时间和资源的浪费，我痛心不已，而导致这个结果的原因，就是培训者对管理培训工作的态度。

我在职业生涯早期为管理者提供的培训课程，现在来看并没有产生良好的效果。主要原因就是我没有将管理者的时间、精力和资源有效地利用起来。但现在，我会不断地改进自己的培训方法，因为没有什么比看到管理者成功更重要的了。我见过的每一位管理培训师都很聪明勤奋，而且每个人都很友善。如果想要以最好

[①] 美国乡村摇滚男歌手。

· 第一章 成长中的管理者

的状态完成工作，让管理培训变得有意义，那培训师就要努力成为管理者转型的催化剂。

想成为催化剂，培训者就要注意以下四个方面：

1. 积极主动；
2. 保持好奇心；
3. 勇敢精神；
4. 善于观察。

将自己磨炼成为催化剂是我一生的追求。而成为催化剂最重要的一点是，你所提供的方法需要符合实际情况，帮助管理者实现自我的转型。

积极主动

如果你不积极主动，就很难成为催化剂。积极主动是培养催化剂能力的第一个关键要素。

例如，你应该做个倾听者，对学员所说的话，以及没有表达出的观点，都应积极主动地回应。只有这样，才能将对话变得更具复杂性和讨论空间，从而对管理者发起"挑战"，调动他们的积极性。主动为管理者所面临的业务难题提供解决方案，是他们急需的培训课程。对于当务之急应及时满足，不能等到几个月之后才满足他们之前的需求。在谈话过程中，应主动让思维相近的人聚在一起，尽一切可能让他们参与到学习过程中。

管理者 20 法则

保持好奇心

　　成为催化剂的第二个关键要素是保持好奇心。能起到催化管理者转型作用的人，通常是天生有好奇心的人。越是充满好奇心，就会越可能促进管理者的转型。我认为好奇心和学习之间存在着密切的联系，因为学习是分层次的。如果对知识的了解处于表层，那就是浮于表面，认识浅薄。在任何培训课程中都会发生这样的情况：随着培训师对学员的了解逐渐深入，学习会变得更具个性化和关联性——与管理者的个人兴趣、工作瓶颈以及工作激情密切相关。好奇心往往是我们用来深入挖掘知识的工具。我们在未知的道路上不断徒步向前，是因为我们对下一个路口感到好奇；我们一直在倾听，是因为我们对谈话的最终结果感到好奇；我们提出许多问题，是因为我们对某些人表达的观点感到好奇。所以，要不断激发自己的好奇心，让它驰骋，努力提出一些和事件意义及其运作方式相关的开放式问题，进而了解事件发生的原因和本质。

勇敢精神

　　成为催化剂的第三个要素就是具有勇敢精神，这也是在人们身上最难发现的特征。优秀的培训师应该是非常勇敢的，只有这样他们才能做出一番事业。这是我们能够做而且应该去实现的目标。

　　勇气能在良好对话的建立上发挥重要作用。通常情况下，人

· 第一章 成长中的管理者

们很少提及的事情,才是应该加以强调的,勇敢这种特征就属于其中之一。你是会让所讨论的主题仅停留于表面,还是能提出一个棘手的问题,使谈话更具有探讨性,并让每个人都紧张地参与其中?我从来都没听说过培训师因为勇敢而被解雇的事情。勇敢并不是真的有风险,即使你会为此感到担心和畏惧。不过,担心和畏惧并不总是坏事,这往往意味着你在思考和感受。只要你能够让谈话继续进行,并结合每个人提出的想法,在培训过程中增添些紧张的气氛,你就能起到催化剂的作用,从而帮助培训参与者展现他们包容和真实的一面。

善于观察

成为催化剂的最后一个关键是善于观察。如果要成为一名出色的培训师,你就必须了解目前所发生的事,跟进业务和各部门的动态,注意哪些主题、行为和人能够吸引人们参与到培训中;或无法使他们产生兴趣,让他们想退出培训活动。另外,还需要注意企业内部存在的主要问题,以及在培训过程中应如何帮助管理者解决这些问题。最后以能提高他们参与性的方式,分享你的观察结果。

成为有积极作用的催化剂是很有趣的一件事,因为这样你就会每天都产生"顿悟时刻"。我们大多数人进入培训领域,是希望看到培训参与者顿悟时身上闪现的智慧的光芒。

建立和促进良好对话的能力

培训师需具备建立并促进商业对话的能力。在这里我强调对话的重要性,是因为它与《基本技能训练》一书中所谈到的技能训练有关(这本书由 ASTD 出版社出版)。训练和培训的关键点是相同的,即我们需要激发和促进良好的对话。以下是第四节中关于建立良好对话的内容,这一节会对培训师有所帮助。另外,此部分内容也包含了一些和能量小时章节内容相同的信息,这部分信息将帮助你学会使用能量小时培训法。

每个人都很专注用心,才思敏捷地解决问题——谁不想在具有激发性的环境中工作呢?一般而言,培训师的谈话内容要让人感到兴奋,并对智力有激发的作用。实际上,有些职场就是这样,人们谈论重要的话题时,话题的内容也很关键。

如同画家需要了解颜料和画布的性质和属性,英语教师需要懂得分号和分词的用法一样。作为一名培训师,你要建立高效的对话模式,并帮助管理者学会如何建立高效对话。当然,这种培训一般也是利用对话进行。当管理者的对话水平提升后,就会对企业产生一定的积极影响——除了体现在对学员的帮助方面,还会映射在其他事物上。

只有亲身经历过,你才知道建立良好的对话是多么重要。培训师在这种情况下释放的能量和产生的吸引力将远远超过普通的商业对话。一旦构建起高效对话,学员们就会积极思考、主动倾听并发挥自身的作用。以下是建立高效对话的要素:

相关性	讨论的主题是人们关心的事情,并对其工作具有帮助。
询问性	参与者提出的问题能推动主题的发展,并且这些问题既具有激发性又令人回味无穷。
自由性	参与者可以畅所欲言,分享他们的想法和见解,甚至也可以讨论一些非大众化的观点,使对话变成开放式的。
联系性	人们之间存在共同的目标或相似的兴趣,会感到彼此相连,并且所有或大多数的人都积极参与了对话。
接收性	参与者能主动倾听、积极探讨、提供反馈意见并努力参与对话。
自主性	参与者认为他们对正在讨论的话题会起到一定的作用。理想情况下,每位参与者都有机会改变对话,从而改变最终的行动和结果。
趣味性	对话有趣,参与者充满活力,可带动气氛,形成活泼放松的对话氛围。

高效的对话大都包含上述特征。员工在轻松有趣的工作环境中,会快速解决问题并更好地抓住机遇。作为一名培训师,你可以利用这些因素,帮助管理者建立一个高效的对话环境。

相关性

当对管理者进行培训时,培训师要注意培训材料如何才能帮助他们处理日常工作中遇到的管理问题。如果他们对当前的培训内容没有参与感,那么这个主题就可能不具有相关性,或者对话方法失误，没有对他们产生吸引力。如果培训师提出的问题具有激发性和共鸣性，那么就会吸引他们的注意。

鼓励提问

提问是训练的核心。管理者寻求发展，是因为他们想要了解和提高自己的工作效率，并学习更多的技能。

向管理者提出问题是鼓励他们提问的好方法。在提问过程中培训师一般会涉及几种典型的提问方式。最常见的两种是封闭式和开放式的问题：

· 封闭式问题是指答案简短或用一个字就可以回答的问题。例如："你想成功吗？"

· 开放式问题是指答案更复杂更主观的问题。例如："今年你想完成什么业务？"

建立有效提问的前提，是培训师要更深入地了解自己所提出的问题是封闭式的还是开放式的。虽然开放式问题会激发管理者的参与性，但以上列出的这两个问题都不能称为好问题。它们很难令人感兴趣，而且问得过于笼统。

除此之外，培训者还可以通过另一种方法提问，即侧重于问题的质量，因为培训师需要确保自己所提出的问题具有激发性或共鸣性。

· 激发性问题是指会激发和建立对话的问题。例如："如果……会发生什么？"

· 共鸣性问题是指会吸引参与者，并帮助我们了解他们的问

· 第一章 成长中的管理者

题。例如:"什么样的工作让你感到轻松满意？"

提问在学习中起着至关重要的作用。培训师必须选择一些能推动主题发展并吸引培训学员的问题进行提问。

希腊哲学家苏格拉底就以其具有激发性和共鸣性的问题而闻名。使用苏格拉底式提问法可以获得许多有效信息，而培训师可以利用这些信息帮助管理者取得成功。此外，这种教学的方法还能培养管理者的批判思维和创造力。要注意的一点是，苏格拉底式提问法不是向管理者提供意见和建议，而是使用激发性问题来促进学习，从而建立有趣高效的对话。如果苏格拉底式的提问方法运用得当，则会拓展人们的思维，促使人们向工作提出挑战。

培训讨论时，培训师问的问题越多越好，但这些问题必须是有意义的问题。即使培训者是一个愿意分享意见和想法的人，在培训讨论过程中也最好不要随意分享。虽然有时培训者所提供的建议也会对培训有帮助，但最有效的培训是提升学员的思维能力而不是导师的。为了实现这一目标，可以尝试使用苏格拉底式提问法。

苏格拉底式提问法具有探索性和开放性，所以在任何情况下，都可以使用这种方法。

苏格拉底式提问法有助于参与者阐明他们的观点，并帮助我们了解他们想获得哪些领域的信息。在培训讨论中，这些问题将会激发出新的策略和想法。当培训者提出许多有效的问题时，就会建立令人感兴趣的对话；同时，参加培训的管理者也会发现这些对话具有内在的激励作用。表3.1列出了一些苏格拉底式提问法。

表 3.1 苏格拉底式问题

适用情景	苏格拉底式问题
了解管理者的目标	你希望发生哪些变化？为什么会这么想？ 如果一切按计划进行，一年后会发生什么变化？ 如果不改变，将会产生什么后果？
了解管理者的意图或动机	你为什么想要达成这个目标？会给你带来什么益处？ 为什么这种变化很重要？是什么让你产生这种想法？ 谁将从这一变化中受益？
确保管理者的目标与结果相一致	这种改变如何帮助你实现目标？这对你意味着什么？ 你目前对这种改变了解多少？ 这种变化会给企业带来什么影响？
弄清管理者的基本想法	还有哪些行之有效的想法？ 为什么你认为这种改变是必要的？ 你的同事/上级/团队对此有何看法？ 如果……会发生什么？ 你认为我问你这个问题，用意何在？
探究管理者是否掌握了丰富的信息	你认为会产生哪些结果？ 你怎么知道……？ 为什么会出现这种情况？ 你之前见过类似的情况吗？ 哪些证据可以支持你的观点？
帮助管理者挖掘其他方法	你的方法存在哪些利弊？ 这与你过去处理此类事情使用的方法有何相似或不同之处？ 反对此做法的人是怎么说的？ 你的上级会怎么想？ 你的竞争对手将如何处理此问题？

· 第一章 成长中的管理者

使用苏格拉底式提问法进行提问，可以提高管理者通过自我反思而保持客观判断的能力。这些问题还有助于提高学员的分析能力，使他们考虑事情更全面，并且具有高度的操作性。使用苏格拉底式提问法可以增加对话的活力，并提高学员的学习能力。

鼓励自由且充分参与

如果培训者和学员在培训过程中因彼此坦诚相待而感到不自在，那对话的有效性就会受到影响。在小组培训中，培训师需要制定基本规则，并对培训过程进行指导，以便每个人都能各抒己见，并参与到话题讨论中。在培训开始时，培训师首先需要提出一个敏感话题，以帮助小组成员快速进入状态。当"过度参与者"或某些意见开始削弱团队的创造力和参与度时，培训师必须要妥善地处理这种情况。

建立联系性

在培训过程中，培训师需要在参与性、客观性和独立性之间保持平衡。可即便如此，也要与学员建立联系。管理者参加培训是为了提高工作效率，当他们进步时，培训师需要给予褒奖，并告诉他们，他们的成功对自己来说十分重要。联系性意味着建立强大而深厚的关系。作为培训师，你应该以被认可和被尊敬的方式，与学员们建立联系。

提高对话的接收度

存在许多影响对话的接收度的阻碍因素。例如信息传达失误、反馈意见出现偏差、没听清对话内容等,这些都可能会对对话造成影响。即使你听到了管理者所说的话,也有可能不理解他们话语的真正内涵。在两个人的沟通过程中,传达的信息在被接收前会先经过双方的"过滤器"。图3.1显示了消息在发送方和接收方之间传送时,会经过双方过滤器(思维模式、偏见和意见)的过滤从而发生变化。

培训师应该认真聆听管理者所说的话,并理解其中的意义,否则接收信息时就会出现偏差,无法给接收方正确的反馈。即使是优质的信息,也会因为传达的偏差而令人困惑。懂得倾听并能提供有效反馈的培训师,会提高对话的接收度。

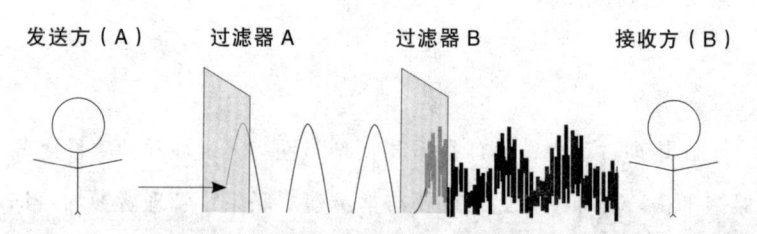

图 3.1 消息通过发送方和接收方的过滤器时会发生变化

对培训师而言,主动和认真地倾听至关重要,因为培训师大多数的工作都依赖于与管理者的沟通。倾听也是一种回应他人的方式,可以增进彼此相互理解。可现实生活中,培训师总认为自

· 第一章 成长中的管理者

已知道管理者将会说什么,所以在倾听时思想不集中,插话次数多,有时还会在对方话没说完时思考下一句他们应该如何回应。培训师或许会认为自己没必要抽出时间或集中精力认真倾听,但实际上,倾听产生的效果是非常可观的。以下是一些倾听的方法:

- 真诚地表达出关心对方的想法(而不是憋在心里)。
- 表达自己的意见,并接受对方的意见。
- 说话内容与对方的观点相关,并表达出感同身受的情绪。
- 努力了解对方。
- 集中注意力,不被其他事物分心。
- 确保你在反馈、确认、重述或释义信息后,可以彻底理解对方所表达的意义。
- 认真思考对方说话的内容。
- 与对方共情,将其传达的信息与自我的内心感受相结合,这样能提高自己的理解力。
- 通过提问和探究来厘清对话内容。
- 对观点和假设进行验证。
- 允许对方自由地表达意见。
- 将注意力集中在对方身上,并全身心投入对话中。

一些因素会成为培训师培养倾听能力的绊脚石,例如繁忙的工作、待办事务、压力以及行为习惯等。要养成积极倾听的习惯,请使用以下列出的方法。

> **培养积极倾听的方法**
>
> √ 与他人在一起时，需要全神贯注。
>
> √ 用眼神交流，不要在房间内四处张望。
>
> √ 做一些笔记，但不要查看其他文件或报告。无须详细地全部记录下来，否则无法抓住对话内容的整体脉络。
>
> √ 让对方说话，不要担心中间停顿时冷场的情况。
>
> √ 提出一些让你厘清事物的问题。
>
> √ 设身处地地为他人着想。
>
> √ 在对方表达意见后，做出回应。
>
> √ 避免一切使你分心的事物，例如手机、电脑以及收到电子邮件的提示音等。

积极倾听是你可以而且必须培养的习惯。作为一名优秀的倾听者，你可以从中受益，因为它可以减少因传达失误而导致的信息误读，从而提高信息传达的准确性，并确保管理者获得对他们工作有帮助的反馈。另外，培训师的倾听积极性越高，越能使管理者敞开心扉。

提高主题的自主性

培训对话需要侧重于对管理者有帮助的主题，必要时可以让他们自行决定讨论的主题。但是，当他们感觉不到自己有会议信息的更改权，或者自己提出的建议未被采纳时，他们就可能会觉得自己已经在讨论中脱节，变得沮丧，甚至不会继续参与对话讨论。

· 第一章 成长中的管理者

遇到这种情况时,你要帮助他们重树对话题的兴趣,并思考如何让他们将所讨论的内容应用于实践工作中。主题的自主性很重要,我们希望管理者认为自己可以有所作为,毕竟他们具备这种优秀的能力!

提高对话的趣味性

在沟通时,培训师可以做很多事情使对话变得有趣。有趣的对话并不意味着缺少严肃性,而是通过想法、理念和信息制造出有趣的氛围,使得对话的活力提高。你可以通过以下几种方式提高对话的趣味性:

1. 要求参与者在培训前阅读有趣的和能激发思维的文章。
2. 将培训场所变成一个激发智力的地方。
3. 把对话内容用图表(例如思维导图)展现出来。
4. 分享一个具有类似目标的人物的成功故事。
5. 使用具有创意性的对话技巧。
6. 列出培训课程的计划表,以便培训能快速并顺利地进行。培训开始时要吸引大家的注意力,并尝试在会议将结束时设计一个"压轴戏"。
7. 布置一些非常有趣的作业。例如,联系自己的榜样人物,每周改掉一种坏习惯,去看一场与培训讨论主题相关的发人深省的电影或现场表演。

为了使对话更有趣,你可以将各种类型的信息放在一起进行讨论。挖掘管理者的兴趣和需求，并提供一些可以使他们扩展知识面、拓宽视野的信息。

培训更像是一门艺术，而不是一门科学。有效的培训会产生能量。

培训是一个对话的过程，你需要将注意力集中于参与者身上，并给他们带来前进的动力。当培训结束时，对话的质量会直接影响参与者的精神状态。有效的对话具有激励性、吸引力和启发性，而出色的培训师能以无缝衔接且不易觉察的方法实现这一点。

如本章开篇所述，我可以列出一些技巧，帮助你成为一名出色的管理培训师，例如组织方法、紧迫感、演讲才能和咨询技能等。但是我相信，如果你曾是一名成功的管理者，具有敏锐的商业头脑，拥有成为催化剂的热情，并能促进良好的对话，那么你就具备了成为优秀管理培训师的必要品质。

读后实践

·思考你的工作场所是否具有学习文化的氛围。进行自我评估，并与你的领导和同事进行讨论。寻找建立与增强学习文化的途径。

·仔细观察，并利用各种机会增加提供培训的次数。

·思考通过哪些方法能使自己成为更好的管理培训师。列出自己的学习计划并开始实施！

第四节 如何使用能量小时

本节概要

- 能量小时课程的主题
- 如何将能量小时课程分组
- 能量小时课程的培训方式
- "秘密"培训
- 如何成功地运用管理培训能量小时课程

能量小时课程的主题

　　本书中列出的二十个管理培训能量小时,并不能构成完整的管理培训课程。如果想要使管理培训课程全面、完整,大概需要数百个能量小时! 管理者的工作很复杂,而且总是在变化。因此,本书的二十节能量小时课程都是一些基本且经久不衰的内容。

　　本书中的能量小时课程包含的主题:

√工作认知

√期望目标

√时间管理

√团队建设

管理者 20 法则

本书中的能量小时课程不包括以下管理行为：

- 招聘活动
- 咨询与解约
- 绩效考核
- 变更管理
- 促进发展
- 项目管理
- 自我发展

我没有谈及绩效考核、咨询与解约或招聘的事情，因为这些内容，公司通常有非常具体的规章制度。在能量小时课程中，我也没有说明关于变更管理的事宜，因为此主题应该针对具体的情况进行具体的分析。因此，我建议培训师们创建自己的能量小时系列课程，以便能够更好地满足管理者的需求。

在所有的课程中，我最喜欢第四个能量小时（管理 A-B 框）、第五个能量小时（管理过滤器）和第七个能量小时（大满贯全垒打）的课程。如果你不断地运用这三节课程，并学会更加高效地管理时间，那么就会吸引更多的人参与进来。

如何将能量小时课程分组

二十个能量小时的课程模式与传统模式不同，我建议你不要把七节课程集中在一天进行培训。我认为，管理培训最好是一点点循序反复地进行，这才是能量小时课程模式的精髓。如果你想

· 第一章 成长中的管理者

在一个月内完成两节能量小时课程,或者一次完成两个或三个系列(每周一个,持续三个星期),我们可以对其有效地分组,如下图所示:

第一组	1. 现代管理 2. 对自己的期望值 3. 管理和提高自己的声誉 4. 管理 A-B 框
第二组	5. 管理过滤器 11. 结果导向反应 15. 领导力传承
第三组	6. 制订衡量指标 7. 大满贯全垒打 8. 定义优秀 9. 传达期望值
第四组	10. 如何制订计划 12. 会议的召开 13. 管理时间
第五组	14. 内部客户服务质量 16. 学会何时和如何拒绝 17. 根据目标调整部门
第六组	18. 一对一会议 19. 提高思维的活跃性 20. 加强团队的合作精神

为了使管理者一目了然，方便他们参加课程，请在一周的时间内多次将计划开展的能量小时课程主题呈现给管理者。在这里我们需要将能量小时课程化繁为简，让管理者轻松地参加学习。无论整个分组过程会给培训师带来多大的麻烦，都是值得的，因为大多数管理者都正在忙着处理更棘手的事情，或者在调节更大的压力。

能量小时课程的培训方式

应该以什么样的方式提供能量小时管理培训，就需要培训师发挥自己的创造力了。在培训过程中，如果培训师发现课程的技术含量低，不需要高级设备和投影仪，那么就要更加注重对话的质量。

管理团队是否定期召开员工会议？如果定期召开，那么你可以每月找一个小时在员工会议期间进行能量小时培训，这样可以实时跟进学员的业务情况。如果会议需要进行两个小时，那么请在第一个小时开始培训，这样一来，一旦培训超时，你不会被迫突然中止。

我喜欢在管理团队人员都到齐的情况下进行定期培训，例如每两周一次。通过这种方式，我可以对布置的课后作业的情况进行跟踪，并保持与管理者对话的连续性。你也可以在每次培训的过程中，留出时间听取每位管理者如何在实践中应用他们所学到的内容。

· 第一章 成长中的管理者

你也可以利用电话进行能量小时培训,但这种情况并非最佳,因为在电话交流中很难进行有力的对话。相较于电话交流而言,视频交流的效果会更好。此外,在培训之前,建议你使用网络工具,例如电子邮件、播客和网络广播等,给管理者发一些学前思考的内容。

除了以上方式,我还会在午餐时间进行培训。人们一边吃抹了花生黄油和果酱的三明治,一边听我的培训课程;或者尝试在下午五点一边吃比萨一边聊天;或上午八点拿着甜甜圈对话……无论使用哪种方式,只要能帮助管理者学习,让人们积极参与到培训中,就是好方法。

"秘密"培训

要是我喜欢的管理培训方式没有得到认可,得不到反馈或没有被列入计划怎么办?这怎么可能呢!我常用的培训方式是不容易被管理者察觉的,即管理者知道他和我正在做的事,但他很少能意识到这就是培训。所以,基于这一理论,我习惯让人们在对话或者其他行为中接受培训,而且绝不会让他们察觉到自己正在接受培训。在"秘密"培训后,他们负责的项目会步入正轨,工作更专注,会议更有效。那么,这种秘密培训在哪儿举办呢?各处各地!何时进行呢?每时每刻!

我们可以在工作环境中添加一些具有激发性和共鸣性的内容,这些内容一般与本公司的管理技术水平有关。在公告板上、员工会议期间、项目规划期间、内部邮箱里以及非正式业务讨论期间，都可以宣传或提供培训。积沙成塔，集腋成裘，行为虽小，但累积在一起，就会产生巨大变化。持续性学习是管理培训收获良好效果的关键，所以培训师要利用多种方式，不限时间和地点，努力地去执行培训计划。

如果你打算在本月进行"能量小时十——如何制订计划"培训课程，那么就在现实和虚拟工作环境中广泛宣传有关制订计划的信息，包括技巧、成功案例、潜在隐患、有趣的文章和博客内容。在每次召开的管理人员会议上，提出一些能引起管理者对当前的实践和需求反思的开放式规划性问题。

如何成功地运用管理培训能量小时课程

我希望你在企业中能积极尝试管理培训能量小时的课程！这些培训内容将会帮助管理者参与到培养能力和有意义的对话活动中。请参阅以下内容，了解一些使用这些培训材料的注意事项。

希望你能轻松地推动对话发展，并好好享受作为学习催化剂的乐趣！

关于管理培训能量小时课程的注意事项

· 经常并多次进行能量小时培训课程。

· 把培训时间限制在一个小时内。时间是宝贵的，你需要让大家知道，你是一名"守时"的培训师。

· 你可以在这些模板中添加一些内容，例如一些案例和你自己的想法。

· 每次都提供学前思考内容。花一些时间找一篇简短并具有激发性的文章，使管理者深入思考。即便他们没有参加培训，也可以从中学到一些东西。

· 不要把能量小时培训课程积攒在一起，尊重管理者的时间，每次最好只执行一个能量小时。

· 无须将能量小时课程用电脑做成幻灯片，要专注于对话而不是课程的展现方式。

· 回答学员问题时，避免使用"不"作为答案。以各种方式提供能量小时培训课程，直到这个非正式学习品牌得到大家的认可，并打造属于你自己的粉丝团。

读后实践

· 与你的同事一起对其中一个能量小时进行实验，并思考如何在培训课程中加入你自己的风格。

· 规划并实施几个能量小时培训课程。在工作环境中宣传一些与培训相关的内容。

第五节 确定时间用得其所

本节概要

- 如何确保时间用得其所
- 评估管理培训的价值
- 快速测试和评估课程重点

如何确保时间用得其所

还记得第二节中的管理培训理论（MTT）吗？管理者的时间很宝贵，所以有必要弄清我们的基本责任——培训课程是否值得管理者抽出他们宝贵的时间去参加。这方面准备得是否充分，只能证明我们的培训课程具有某些有用的价值。除此之外，我们还需要证明——管理者在培训上所花费的时间，和他们在其他事务所投入的时间一样有效。所以，管理者的机会成本是多少？这里的机会成本指的是从事某项经营活动而放弃另一项经营活动的机会。在考虑过这些成本后，培训是否仍然具有意义？当培训课程结束时，管理者是否觉得他们有所收获，并且是否认为值得从繁忙的工作中抽出时间进行学习？

如果我们从让培训课程更具价值的出发点考虑，那么我们将

· 第一章 成长中的管理者

会规划出更好的培训方案。但是在这种情况下，培训师面对的问题是：需要判断某件事是否具有价值并值得付出时间。在一定程度上这一点是主观的、因人而异的。事实上，那些最好的培训课程可能会让参与者感觉到某种不和谐或沮丧的情绪。下文列出了一些我经常使用的标准，以便粗略评估培训时间是否用得其所。

作为培训师，对于以下问题你给出的肯定答案越多，就表明管理者在培训课程中花费的时间越值得。但是，我并不是要求你都打钩。在培训课程结束时，可以向管理者分发评估表，如果能收到他们的书面反馈，将会对你很有帮助。总之最关键的问题是，你认为自己提供的培训课程值得管理者付出宝贵的时间吗？并说明原因。

培训时间用得其所吗？

1. 这是与管理者工作有关的一次高效的对话吗？
2. 管理者是否参与了讨论？
3. 谈论的主题是否与计划和策略有关？该主题是否会帮助管理者更有效地完成工作？
4. 培训时间是否在尽可能地缩短（但仍不失为一次有效的对话）？尊重管理者的时间了吗？
5. 培训结束后，管理者是否明确知道如何用其所学？培训师给他们布置作业了吗？培训后管理者完成作业了吗？
6. 管理者是否主动和积极地参加了培训？

管理者20法则

评估管理培训的价值

确保培训是否值得大家投入时间仅仅是一个开始。我们需要完成更大和更重要的目标：利用管理培训提高管理者的管理水平。许多优秀的书籍和培训课程可以教你如何评估和提高培训投资回报率（ROI）。但是，在管理培训方面，我更愿意根据管理人员取得的成果，来评估我在培训过程中所发挥的作用。虽然企业不同，但以下是最常见的管理者应达成的目标：

√他们在预算范围内能按时圆满完成项目，并满足质量要求。

√他们能够达成包括创收、成本管理和盈利方面的财务目标。

√他们能建立并维持一支才华横溢的团队，从而避免负营业额现象的发生。

√确保工作流程和时间表的有效性和高效性。

这些是基础的要求。一些公司可能会要求经理针对产品的开发、创新、合规性或其他业务指标提供解决方案，并且会对这些方案进行评估，以确定这些方案是否切实可行。

使用业务指标来评估培训有效性的难点在于，有时在相同一段时间内，管理者不止会参加一项提高管理水平的活动。所以，培训师在评估时很难将某项培训效果孤立看待。为了解决这一问题，我提供一个想法和一个建议，这是我从以往的实际经验中获得的。

我在美国百得集团公司①工作时，为他们在美国的一百多个服

---

① 美国百得集团公司，成立于1910年，如今已发展成全球最大的电动工具制造和销售商，荣立于美国《财富》杂志五百强之列。

· 第一章 成长中的管理者

务中心提供服务支持。服务中心是销售或修理百得产品（例如钻头或割草机）的独立商店。每个商店都有一位经理，会负责生产力、安全性和店面盈利的事务。当时我的第一个主要项目是创建一个经理培训项目，称为"服务大学"。该项目包括在百得的分部——美国马里兰地区总部，举办为期一周的培训。每次培训我都会派十二名管理者到服务大学进行培训和学习。该计划的总体目标是提高管理者的能力和服务中心的绩效。

当时我通过跟踪三组数据来测量培训课程的有效性。首先，我根据关键指标（利润、预算和营业额）记录了所有服务中心的基准绩效水平。然后，在服务大学举办了六个月后，我观察了每个经理在关键指标方面的表现。我将他们取得的进步，与未上过服务大学的管理者所取得的平均进步进行了比较。最后将两组数据相比得知，参加过服务大学的管理者在业务指标方面获得的成绩，比没有参加的高5%。

这件事发生在二十多年前。其实，曾经历过的很多事情如果让我再做一次，我会采用不同的方法。然而，我不会改变的一件事是我衡量成功的方法。我对服务中心的指标数据的分析利用，体现了和这次成功息息相关的两个重要因素：首先，当我仅凭自己就能够获知管理者真实的业务水平时，我绝不会占用他们的时间和资源；其次，因为我将培训系统的落脚点放在绩效的提高上，所以我和团队对培训计划做了相应的调整。

当你对职能部门的管理人员进行培训时，将关注点放在结果上，并单独评估培训的效果，可能会有点困难。那么针对这一问题，我之前给出了一个建议：勇敢克服，大胆向前！我并不是很建议培训师去精心设计一个流程，以跟踪培训参与者的绩效指标。如果这样做，那么培训师将在这方面花费很多时间和金钱，反而不能将精力专注于培训本身（这是我通过许多培训 ROI 过程得出的主要经验）。但是，你可以做一个简单的数据表，以记录和跟踪管理者的工作成果和表现。

快速测试和评估课程重点

如何制作管理培训数据表呢？这取决于你的企业性质。为确保你专注于培训的对话质量和培训的整体效果，我建议你创建一份包含两个部分的数据表。工作表 5.1 是一个范例，你可以对其进行更改，以满足你的特殊需求。

针对评估事宜，你也可以使用自己常用的方法，但一定要注意提高数据质量。例如，我一般会要求财务部门（而不是管理者自己）对预算业绩进行评级。对于这个评估标准，我会和一位金融分析师（或者与管理者一起执行预算的人员）一起坐下来，逐一查看管理者名单，并询问他们目前是否按照预算或方案在相应的部门管理成本、收益和利润等事项。例如，鲍勃·史密斯"是"或"否"，莉斯·格林"是"或"否"，托德·奈特"是"或"否"，每三个月对每位管理者用此方式进行一次评估。然后，你可以对他们的业绩变化进行跟踪。如果你提出一些模糊的问题，例如"能

第一章 成长中的管理者

将预算控制在允许范围内的管理者的比例是多少？"，那么你将无法获得准确的答案。你可能会想："如果不是预算，而是其他因素导致了财务问题怎么办？我需要想出办法，解决此事。"

事实上，我并不担心这些事情。我希望能提高管理者的管理能力和成效，特别是当他们工作遇到困难时。我认为高层管理者在审查数据时，会考虑到其他因素的影响。但是这并不意味着培训师不需要关注数据，数据对于评估培训的有效性依旧很重要，并且会对培训课程的方向产生影响。例如，如果数据表明管理者在预算表现上的能力下降（无论出于何种原因），那这将会使培训师在以后的培训中更加关注此方面。可如果面对的问题是新的竞争或市场策略的变化，那么培训师也要帮助管理者应对这一挑战。

你会注意到，在评估管理者的绩效时，主要都是以结果为导向的指标。因为我更倾向于关注他们的业务成果，而不是他们是否按时做完了文书工作。除此之外，与人力资源部门沟通时，也要小心仔细，这样才可能对培训效果进行准确的评估，因为他们可能不会告诉你目前管理者的管理水平是否有所提高。

管理培训是一项持续性的工作，你的目标始终是帮助管理者提高管理水平，如何设定基线标准并不重要。如果我负责企业的培训工作，就会用表格5.1记录信息。

工作表 5.1 管理培训数据表

使用此工作表可以跟踪和评估管理培训的有效性和价值,并且可根据你公司的近期目标和当务之急,增删或更换指标内容。

第1部分:管理评估指标

指标	基线标准	3个月	6个月	12个月
项目完成——按时				
项目完成——预算				
项目完成——质量				
预算表现				
负营业额				

第2部分:培训课程质量

指标	基线标准	3个月	6个月	12个月
对话质量				

第一章 成长中的管理者

续表

指标	基线标准	3个月	6个月	12个月
明确的主题				
管理者认为培训具有高效性				
管理者完成作业				
尊重管理者的时间				
管理者积极参加				

读后实践

· 以工作表5.1为范例,制作一份你自己的培训表格。

· 与其他管理者分享你的工作表,并就如何使用数据以便更好地推动培训工作进行讨论。

第二章 能量小时
The Power Hours

第六节 二十个"能量小时"的管理者培训课程

本节概要

- 能量小时课程内容
- 能量小时的构成

能量小时课程内容

以下是本书中包含的能量小时:

1. 现代管理——第七节;

2. 对自己的期望值——第八节;

3. 管理和提高自己的声誉——第九节;

4. 管理 A–B 框——第十节;

5. 管理过滤器——第十一节;

6. 制订衡量指标——第十二节;

7. 大满贯全垒打——第十三节;

8. 定义优秀——第十四节;

9. 传达期望值——第十五节;

10. 如何制订计划——第十六节;

11. 结果导向反应——第十七节;

12. 会议的召开——第十八节；

13. 管理时间——第十九节；

14. 内部客户服务质量——第二十节；

15. 领导力传承——第二十一节；

16. 学会何时和如何拒绝——第二十二节；

17. 根据目标调整部门——第二十三节；

18. 一对一会议——第二十四节；

19. 提高思维的活跃性——第二十五节；

20. 加强团队的合作精神——第二十六节。

能量小时的构成

所有的能量小时都以相同的方式构成，这种设计有以下两个原因：

1. 给培训师创造方便的条件。只要掌握一两节能量小时培训课程，很快就能掌握其他的课程并进行授课。

2. 给参与者创造方便条件。参与者会习惯于这种类型的学习方式，而且能在准备和参与的过程中获益。

如果不以这种方式设计能量小时课程，并且课程也不具有推动对话的作用，那么你创建的能量小时可能会因"能量"不足而成为"能量半小时"。接下来，我们将分析在能量小时课程中起着推进作用的要点。

第二章 能量小时

学前思考

学前思考像是热身,而不是对培训内容的预览。在培训之前,我喜欢给出一个主题,让管理者进行思考和讨论。我喜欢从网络日志(博客)或播客(音频)上摘取学前思考的内容,因为那里有许多表达深刻、见解独到的优质内容博主,也经常发布一些关于管理和领导力的文章。

博客里的文章往往简短、有趣,具有激发性,这些都是构成学前思考材料最好的组成元素。播客也是一种有趣且吸引人的方式,能够引导管理者参与到对话中。你可以通过电子邮件向管理者发送一些播客链接,他们可以通过电脑收听,或将播客内容下载到 iPod 或其他 MP3 播放器上。除此之外,我们也可以节选一些优秀的文章或书籍中的内容,作为学前思考的材料。

选择学前材料很重要,所有素材都应该使参与者感兴趣,并与他们的工作息息相关。

学习目标

能量小时培训课程的学习目标很简单。通过这种类型的培训,我希望管理者能认真思考课程所涉及的主题,反思他们当前的管理实践,确定如何将主题与业绩目标相连,并对自身的管理方式进行微调。在部分能量小时课程中,培训师需要给管理者布置作业,让管理者将所学的技能应用于实践工作中。此外,还有一些课程可以帮助管理者转换思维方式。

培训师的目标

所有能量小时课程的整体目标都是——在一小时内，促进管理者进行关于管理主题的讨论。于我而言，这是最重要的目标。当管理者互相讨论他们的技能时，会从彼此身上学到很多，并且会乐意尝试新的方法。

课程安排

你会注意到能量小时的课程安排具有一致性，因为这符合设计的初衷。这有助于参加培训的管理者提前熟悉课程安排，就像我们走进法国的麦当劳时不看菜单也能知道巨无霸是什么样的食物。

以下是能量小时的基本课程安排：

十分钟：简要讨论学前思考材料，如果布置过作业，请一并讨论（参见第四节）。分发讲义。

十五分钟：概念模式或主题介绍。

十分钟：利用激发性与共鸣性问题，对概念进行初步讨论。

十五分钟：练习或应用。

十分钟：最后的讨论以及布置作业。

我们之所以将课程命名为能量小时，就是因为它们用时短、节奏快，充满了能量和活力。我们的课程安排模式就是为此目的服务。组织的参与者人数最好不要太多，控制在小规模内，这样讨论的时间就不会超过规定时长。如果增加培训人数，扩大培训规模并延长培训时间，那么可能会因为培训师的疲惫而导致培训效果下降。

激发性与共鸣性问题

针对每个能量小时，我都提供了几个具有激发性和共鸣性的问题，你可以使用这些问题来促进主题的讨论。但是，我建议你列出属于自己的并具有这两种性质的问题，例如一些你想了解或想知道的问题。如果管理者对培训师课上所讨论的主题十分感兴趣，则会进一步推动对话。

概念模式

每个能量小时都会针对一个概念，提出一个主题或要点。概念模式就是讨论的主题，其中包含一两段信息，并借助一种模式或一个图形来帮助管理者进行讨论。只要不影响培训的整体时间，培训师就可以随意更改概念模式中的内容。但是，一定注意将对话时间控制在一小时内，这点非常重要。

练习

培训师需要让管理者通过练习对主题展开讨论。练习过程，有时是两人一组或几人一组，有时则需要管理者单独完成。然而，关于能量小时主题，不可忽视的一点是，它们都得与管理者的工作有直接的关系。

作业

如果培训师只是临时提供了能量小时课程，那么作业的完成情况就只能取决于管理者的自我约束和自我管理能力了。如果培训师在一段时间内一直对同一批管理者进行培训，那么可以在培训课程开始前，讨论上一次课程所布置的作业。无论使用哪种方式，给管理者布置作业都很重要。如同练习一样，作业必须与管理者的工作直接相关，最好能使他们的工作变得更轻松、更有成效。除此之外，还应建议管理者将培训课程中的方法和理念应用于实际工作中。

作业的目的是将讨论的主题付诸实践，所以给管理者布置的作业应简单易操作，因为明确的行动目标才会带来良好的结果。

能量小时讲义

每节能量小时课程里都包含一页讲义。但是讲义中没有培训材料，只有在学前思考任务中，才需要给学员分发培训材料。如果是两页讲义材料，必须要双面打印。因为对学员来说，单页纸与订书钉装订的整本材料会造成心理上的差异。此外，每节能量小时课程都应控制在一小时内，并且应提供相应的讲义，这也是本书介绍的管理培训课程的一个特色。

第七节 能量小时一
——现代管理

学前思考

在能量小时课程开始前,结合当下热点,查找一些简短有趣的材料与管理者分享,作为上课前的热身学习(建议摘选一些具有激发性或争议性的文章)。热身学习的目的在于激发管理者的表达欲,并使其对本次授课的主题有一个充分的了解。

学习目标

在课程结束并完成作业后,应建议管理者完成以下事项:

1. 探讨目前的企业管理工作有哪些独特性和复杂性。

2. 找出促进生产力的关键因素和生产力发展的主要障碍,以便解决问题和提高生产力。

3. 制订计划,以便在下周的工作中解决上述的一个或多个问题。

培训师的目标

培训师需要完成一小时的培训课程。学员在课上对管理工作进行探讨时,培训师需要发挥催化剂的作用。

课程安排

十分钟：	简要讨论学前思考材料，如果布置过作业，请一并讨论（参见第四节）。分发讲义。
十五分钟：	概念模式或主题介绍。
十分钟：	利用激发性与共鸣性问题，对概念进行初步讨论。
十五分钟：	练习或应用。
十分钟：	最后的讨论以及布置作业。

激发性与共鸣性问题

1. 你为什么想管理企业？

2. 目前工作的复杂性会激发你对工作的兴趣吗？

3. 未来的管理工作将如何开展？管理工作会变得更容易轻松，还是会更困难复杂？

4. 如果管理者是企业的引擎，那么哪些行为最能帮助引擎良好地运行和变得强大？

5. 管理者可以通过哪些方法提高"管理漏斗"（图 7.1）输入内容的有效性和重要性？

概念模式

管理是一门需要谨慎对待、持续培养、不断发展的技能。优秀的管理者在很多方面都有天赋，他们会将目标与结果挂钩，并推进工作流程。他们是"着手去做"的人,可以对业务结果产生重大的积极的影响。管理者的工作具有挑战性,因为他们必须面对不断变化的需求、工作中的各种困难、员工的情绪波动等,并且需要判断哪些是亟待解决的工作。

在图 7.1 中,管理过程由漏斗示意图表示。高级管理层和行政部门(如财务部和人力资源部)的信息和要求会进入漏斗,然后管理者会投入一定的时间、精力和资源,对这些不同的要求进行整合,并为团队制订工作计划。有时,进入漏斗的信息量会超出管理者和他的团队的处理能力范围,而且在此过程中遇到的阻碍或绊脚石可能会妨碍工作的顺利执行。

遇到难以解决的问题时,管理者和培训师需要注意一个前提:为了强化管理,从而提高团队效率和业绩,需要确保向漏斗中添加的事项具有针对性和高效性,并尽可能多地移除绊脚石。

图 7.1 管理漏斗

练习

将学员分为两组。分别给每组十分钟的时间,对以下问题进行回答:

第 1 组 想出十种可以提高管理漏斗中信息资源的质量和投放效率的方法。

第 2 组 说出影响企业生产力的五大障碍,以及减少或消除这些障碍的十种方法。

作业

从练习中选出两到三种方法,并在接下来一周的工作中将其付诸实践。

讲义:能量小时——现代管理

管理是一门需要谨慎对待、持续培养、不断发展的技能。优秀的管理者在很多方面都有天赋,他们会将目标与结果挂钩,并推进工作流程。他们是"着手去做"的人,可以对业务结果产生重大的积极的影响。管理者的工作具有挑战性,因为他们必须面对不断变化的需求、工作中的各种困难、员工的情绪波动等,并且需要判断哪些是亟待解决的工作。

在图 7.1 中,管理过程由漏斗示意图表示。高级管理层和行政部门(如财务部和人力资源部)的信息和要求会进入漏斗,然

第二章 能量小时

后管理者会投入一定的时间、精力和资源,对这些不同的要求进行整合,并为团队制订工作计划。有时,进入漏斗的信息量会超出管理者和他的团队的处理能力范围,而且在此过程中遇到的阻碍或绊脚石可能会妨碍工作的顺利执行。

遇到难以解决的问题时,管理者和培训师需要注意一个前提:为了强化管理,从而提高团队效率和业绩,需要确保向漏斗中添加的事项具有针对性和高效性,并尽可能多地移除绊脚石。

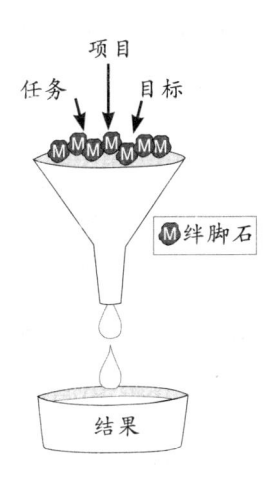

第八节 能量小时二
——对自己的期望值

学前思考

在能量小时课程开始前,结合当下热点,查找一些简短有趣的材料与管理者分享,作为上课前的热身学习(建议摘选一些具有激发性或争议性的文章)。热身学习的目的在于激发管理者的表达欲,并使其对本次授课的主题有一个充分的了解。

学习目标

在课程结束并完成作业后,应建议管理者完成以下事项:

1. 讨论期望值的重要性,了解他们的上级对优秀的定义。

2. 向上级和其他同事提出一些问题以确定大家对自己的期望值。

3. 就期望值的话题,在接下来的一周里找时间与上级进行一次单独的交流。

培训师的目标

培训师需要完成一小时的培训课程。学员在课上对管理工作

· 第二章 能量小时

进行探讨时，培训师需要发挥催化剂的作用。

课程安排

十分钟： 简要讨论学前思考材料，如果布置过作业，请一并讨论（参见第四节）。分发讲义。

十五分钟： 概念模式或主题介绍。

十分钟： 利用激发性与共鸣性问题，对概念进行初步讨论。

十五分钟： 练习或应用。

十分钟： 最后的讨论以及布置作业。

激发性与共鸣性问题

1. 作为一名领导者，你是否知道在管理能力以及部门发展方面，上级或其他同事对你有什么期望？

2. 你知道你的上级对优秀的定义吗？与你的定义有何不同？

3. 哪些现象表明你被上级重视？

4. 你是否问过上级，企业在哪些方面最需要你？你的上级是如何回答的？

概念模式

许多管理者并不知道大家对他们的期望值。除了在预算范围内按时完成的项目和任务之外，期望值还包含许多其他方面的内容，通过这些内容就能了解上级如何定义优秀。获悉上级和同事对自己有什么期望不但重要而且有益,因为只有先明确标准,才能知道朝哪个方向去努力。

表 8.1 列出了一些关于期望值的问题。作为管理者,你可以根据这些问题向上级请教,以明确上级对你的期望值。此列表的内容可能看起来很多,但每个问题都与上级对你的整体期望值,以及对你当前表现的印象或看法有关。

表 8.1 明确期望值的问题

主题	问题
基本工作职能	1. 你如何定义工作质量? 2. 你对项目截止日期和工作状态管理的期望值是什么? 3. 你如何看待"时刻准备"的状态?
制订决策	1. 在制定和沟通决策方面,你对我的期望是什么? 2. 你想让我参与制定哪些决策?
工作环境	1. 在营造和改善工作环境方面,你对我的期望值是什么? 2. 你希望通过何种方式改变企业文化?你认为在文化转型过程中,我应该发挥什么作用? 3. 你认为对于部门内部的文化而言,哪些方面应该改变或加强?
创造力和创新精神	1. 你认为创造性意味着什么? 2. 你认为创造力和创新精神有多重要?在这两个方面,你对我的期望值是什么? 3. 你希望我和我的团队在哪方面发挥创造力并提升成效?

· 第二章 能量小时

主题	问题
团队发展和生产力	1. 你认为运作良好的团队模式应具备哪些因素？ 2. 在团队发展和产能方面，你对我有什么期望？ 3. 你希望我如何管理团队，以及提高团队的表现力？ 4. 你认为我在指导他人方面应投入多少时间？
沟通	1. 你认为什么是有效的沟通？ 2. 就沟通而言，你对我有什么期望？ 3. 你期望我在参加或召开会议时达到什么样的沟通效果？
成长与发展	每个人都需要不断地成长。你最希望明年在哪方面看到我有所成长和发展？
结果导向	1. 你认为以结果为导向意味着什么？ 2. 从工作成果来看，你对我的期望值是什么？
合作关系	1. 你认为合作和协作有多重要？ 2. 在合作和协作方面，你对我有什么期望？ 3. 你希望我以什么方式改善合作和协作关系？
职业道德与角色塑造	1. 你认为"代表公司形象"意味着什么？ 2. 你对管理者的自我表现以及如何代表公司形象有什么期望？

练习

根据表8.1，在你的讲义背面拟订一个计划表，并列出十个向你的上级询问的问题，以便更好地了解其对你的期望值。

作业

在接下来的一周找个机会与你的上级单独会面，并使用该计划表作为此次对话的指南。

讲义：能量小时二——对自己的期望值

许多管理者并不知道大家对他们的期望值。除了在预算范围内按时完成的项目和任务之外，期望值还包含许多其他方面的内容，通过这些内容就能了解上级如何定义优秀。获悉上级和同事对自己有什么期望不但重要而且有益，因为只有先明确标准，才能知道朝哪个方向去努力。

以下是能够帮助你确定期望值的一些问题。

主题	问题
基本工作职能	1. 你如何定义工作质量？ 2. 你对项目截止日期和工作状态管理的期望值是什么？ 3. 你如何看待"时刻准备"的状态？
制订决策	1. 在制定和沟通决策方面，你对我的期望是什么？ 2. 你想让我参与制定哪些决策？
工作环境	1. 在营造和改善工作环境方面，你对我的期望值是什么？ 2. 你希望通过何种方式改变企业文化？你认为在文化转型过程中，我应该发挥什么作用？ 3. 你认为对于部门内部的文化而言，哪些方面应该改变或加强？
创造力和创新精神	1. 你认为创造性意味着什么？ 2. 你认为创造力和创新精神有多重要？在这两个方面，你对我的期望值是什么？ 3. 你希望我和我的团队在哪方面发挥创造力并提升成效？

主题	问题
团队发展和生产力	1. 你认为运作良好的团队模式应具备哪些因素? 2. 在团队发展和产能方面,你对我有什么期望? 3. 你希望我如何管理团队,以及提高团队的表现力? 4. 你认为我在指导他人方面应投入多少时间?
沟通	1. 你认为什么是有效的沟通? 2. 就沟通而言,你对我有什么期望? 3. 你期望我在参加或召开会议时达到什么样的沟通效果?
成长与发展	每个人都需要不断地成长。你最希望明年在哪方面看到我有所成长和发展?
结果导向	1. 你认为以结果为导向意味着什么? 2. 从工作成果来看,你对我的期望值是什么?
合作关系	1. 你认为合作和协作有多重要? 2. 在合作和协作方面,你对我有什么期望? 3. 你希望我以什么方式改善合作和协作关系?
职业道德与角色塑造	1. 你认为"代表公司形象"意味着什么? 2. 你对管理者的自我表现以及如何代表公司形象有什么期望?

一对一会议计划

请列出与上级在一对一会议中将要提出的问题:

第九节 能量小时三
——管理和提高自己的声誉

学前思考

在能量小时课程开始前,结合当下热点,查找一些简短有趣的材料与管理者分享,作为上课前的热身学习(建议摘选一些具有激发性或争议性的文章)。热身学习的目的在于激发管理者的表达欲,并使其对本次授课的主题有一个充分的了解。

学习目标

在课程结束并完成作业后,应建议管理者完成以下事项:
1. 讨论并了解声誉管理的重要性。
2. 对声誉管理进行自我评估。
3. 从其他同事那里获取反馈,看看自己的声誉管理成效如何。

培训师的目标

培训师需要完成一小时的培训课程。学员在课上对管理工作进行探讨时,培训师需要发挥催化剂的作用。

课程安排

十分钟： 简要讨论学前思考材料，如果布置过作业，请一并讨论（参见第四节）。分发讲义。

十五分钟： 概念模式或主题介绍。

十分钟： 利用激发性与共鸣性问题，对概念进行初步讨论。

十五分钟： 练习或应用。

十分钟： 最后的讨论以及布置作业。

激发性与共鸣性问题

1. 你了解自己在公司中的声誉吗？
2. 从哪些方面能判断出你在公司中声誉的好坏？
3. 你能回想起，在现在或以往的工作中声誉不好的人吗（无须提到名字）？并说明是什么导致他的声誉欠佳。
4. 你认为一个人应该如何恢复自己的声誉？

概念模式

许多管理者对自己的上级如何看待他们的表现——声誉——不太了解或不是十分清楚。事实上这是一个常见的问题，如果处理不好很容易变成管理者成功路上的绊脚石。当你浑然不知或不确定上级对你的评价时，你很难设定适当的目标。若想改进自己工作，提高自己的声誉，就需要一个基准为参照，并制订一个具

体可行的计划(从目标设定到目标实现)。管理者若想提高自己的工作能力,需要了解以下事项:

√管理者的上级如何评估其表现。

√管理者在公司的声誉如何。

√管理者的团队在实现目标并取得成果方面的表现如何。

√公司如何看待团队的贡献和工作效率。

√管理者是否被认为是优秀的团队成员,和其一起工作是否轻松容易。

了解上级、同事和员工如何看待你的工作表现和管理模式至关重要。通过建立正确的基准和起点来改进方案,将会更加具有现实性和可操作性。成功的管理者会具有强烈的自我意识。管理者知道如何获得一些有价值的信息,使他们自己和团队成员能够更好地开展工作。

从优秀到卓越,从卓越到伟大的过程,需要通过精心设计的改进方案实现。管理者必须了解自己在公司中的声誉,无论声誉好与坏。上级、同事、团队成员对每位管理者的评估,主要取决于管理者在过去的工作和合作中取得的成果,以及他们在顺境和逆境中的表现。管理者与其他人之间的关系质量对他们的声誉起着重要的作用。声誉不佳的管理者会发现,他们很难获得人们对自己工作的支持,并且可能无法获得其他人的积极有益的协作。

当人们说管理者的声誉良好时,他们对管理者的评价如下:

· 值得信任——当管理者言行一致时,人们认为他是值得信

第二章 能量小时

赖的。

·言出必行——无论承诺是书面的、口头的还是暗示性的,一旦承诺就意味着要按约定做事。

·取得工作成果——尽职尽责和为公司做出贡献的管理者会受到尊重和赏识。

·令人愉快或易于合作——员工喜欢与其共事的管理者是易于合作的。

·在相关的领域具有丰富的知识和创造力,并且受到领导和同事的认可。

·成为公司"资产"的一部分。

当管理者声誉不佳时,员工可能会对其评价如下:

·不可信任——也许管理者曾经使人们灰心或激怒过某人。

·不遵守承诺——管理者让人们失望了吗?

·没有取得成果——管理者的工作没有令人满意吗?

·在某种程度上难以合作——管理者不是优秀的团队成员吗?

·没有擅长的技能或才能——管理者缺乏创造力或没有技术专长吗?

·没有为公司做出重要贡献——管理者是否有所作为?

管理者可以使用以下三种方法中的一种或多种来了解自己在公司中的声誉。第一种也是最简单的方法——问。此方法适用于公正和公开的工作反馈机制。除此之外,当第一种方法获取不到完整或真实的信息时,管理者还可以尝试第二种方法——观察。

关于对管理者的声誉评价，许多上级、同事和团队成员都无法做到直言不讳。如果前两种方法没有帮助到你，那么请尝试第三种方法——通过第三方。采用这种方法的管理者的形象，通常会使人们不愿意提供任何反馈。管理者应该意识到，随着他们在公司中职位的晋升，他们获得有用和有益的信息将变得更加困难。这很不幸，因为每个人都需要别人的反馈以保证自己达到最佳状态。

练习

根据讲义上的表格对你的声誉进行自我评估（十分钟）。分别说出一个你认为自己擅长和不擅长的领域。

作业

请你的上级和两到三名同事完成此声誉调查问卷。鼓励他们实话实说，并告知你的声誉或优缺点让大家心知肚明，无须隐讳任何信息，他们的反馈意见会赋予你改变的力量。

讲义：能量小时三——管理和提高你的声誉

当人们谈起管理者享有良好声誉时，他们会评价如下：

声誉调查经理人：_____

请坦诚地回答调查问卷，并欢迎对我提出积极的和负面的评价。我认为这次调查是我整体发展规划的一部分，并且十分重视您的反馈。谢谢!

第一部分:管理质量和特征

对于下面列出的每个特征,请指出该特征是我的强项还是弱项。如果某项是我的不足之处,请特别指出。另外,请将以下特征从 1 到 7 进行等级评分,1——最擅长,7——最薄弱。

管理质量/特征	强项	中等水平	弱项	等级评分
按时完成工作				
可靠性				
合作愉快,不惧逆境				
雷厉风行,积极跟踪工作进度				
结果导向				
技能性经理人				
建立并维护关系				

第二部分:开放式问题

请完成以下问题,并尽可能具体说明:

1. 说明该管理者在工作中让员工失望的时候。
_____

2. 说明该管理者去年对公司业务做出的最重要的贡献。
_____

3. 说明该管理者去年犯的最大错误。
_____

4. 你认为该管理者在考虑员工和公司利益的时候表现如何?
_____

5. 你认为该管理者的工作效率如何,高、低或一般?
_____

6. 在与该管理者共事时,你最欣赏或最不喜欢他的哪些方面?
_____

喜欢之处:
_____

厌烦之处:
_____

第三部分:描述性评价短语

对以下每项描述进行评分,总分为 100 分。如描述与该管理者契合,请给予高分;如描述偏颇,请打低分。例如,你可以为前两项打 50 分,剩余两项打 0 分,或者给一项打 30 分,其他三

· 第二章 能量小时

项分别打 20 分、10 分、40 分。

做事风格	总分 100 分
注重团队精神	
重视个人主动性和创造力	
重视安全性和可预测性	
事业心、竞争力和结果导向	
其他特质	总分 100 分
守信用	
值得信赖	
优秀的团队成员	
责任心	
当处于逆境或繁忙时，该经理人表现如何	总分 100 分
计划缜密，有条不紊	
易情绪化	

当管理者始终考虑团队成员的利益与需求时，人们可能会对其评价如下：

· 值得信任——当管理者言行一致时，人们认为他是值得信赖的。

・言出必行——无论承诺是书面的、口头的还是暗示性的，一旦承诺就意味着要按约定做事。

・取得工作成果——尽职尽责和为公司做出贡献的管理者会受到尊重和赏识。

・令人愉快或易于合作——员工喜欢与其共事的管理者是易于合作的。

・在相关的领域具有丰富的知识和创造力，并且受到领导和同事的认可。

・成为公司"资产"的一部分。

当管理者声誉不佳时，员工可能会对其评价如下：

・不可信任——也许管理者曾经使人们灰心或激怒过某人。

・不遵守承诺——管理者让人们失望了吗？

・没有取得成果——管理者的工作没有令人满意吗？

・在某种程度上难以合作——管理者不是优秀的团队成员吗？

・没有擅长的技能或才能——管理者缺乏创造力或没有技术专长吗？

・没有为公司做出重要贡献——管理者是否有所作为？

第十节 能量小时四
——管理 A-B 框

学前思考

在能量小时课程开始前,结合当下热点,查找一些简短有趣的材料与管理者分享,作为上课前的热身学习(建议摘选一些具有激发性或争议性的文章)。热身学习的目的在于激发管理者的表达欲,并使其对本次授课的主题有一个充分的了解。

学习目标

在课程结束并完成作业后,应建议管理者完成以下事项:

1. 讨论如何改变管理方法以满足公司需求,以及实现目标的重要性。

2. 确定一些最能实现目标的管理方法。

3. 制订一个计划,使管理者的工作日程与行为习惯和目标一致。

培训师的目标

培训师需要完成一小时的培训课程。学员在课上对管理工作进行探讨时,培训师需要发挥催化剂的作用。

课程安排

十分钟： 简要讨论学前思考材料，如果布置过作业，请一并讨论（参见第四节）。分发讲义。

十五分钟： 概念模式或主题介绍。

十分钟： 利用激发性与共鸣性问题，对概念进行初步讨论。

十五分钟： 练习或应用。

十分钟： 最后的讨论以及布置作业。

激发性与共鸣性问题

1. 如果人们利用有弊端的方式解决目前存在的问题，结果会怎样？
2. 我们能通过目前的管理方式达到预期的结果吗？
3. 当我们尝试提高业绩时，应该规避哪些方法？
4. 我们应该多久调整一次管理方式？

概念模式

随着业务计划和目标的变化，我们的领导力和管理策略、风格、方法也应与时俱进。业务需求会发生变化，领导力也是如此。正如一句话所说："你不能重复做同样的事情，却得不到目标性结果。"图10.1揭示了这个简单易懂的概念，并由此总结出了一项十分有效的管理手段。无论是为了实现短期计划还是长期计划，找到使我们的管理方式与目标相匹配的方法都至关重要。

· 第二章 能量小时

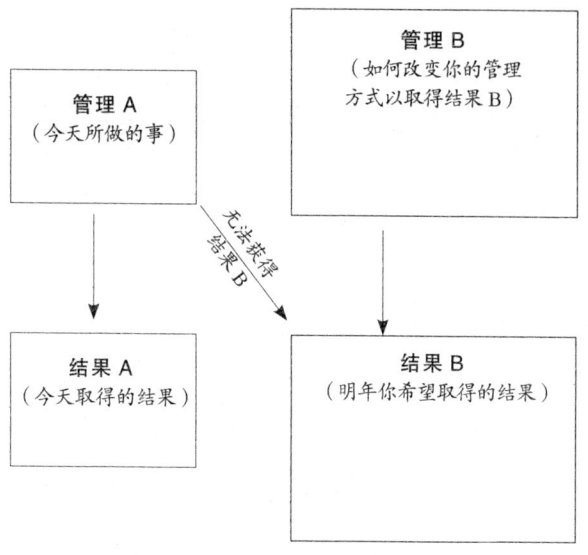

```
管理 A                 管理 B
（今天所做的事）       （如何改变你的管理
                       方式以取得结果 B）

         无法获得
         结果 B

结果 A                 结果 B
（今天取得的结果）     （明年你希望取得的结果）
```

图 10.1 管理 A-B 框

练习

让参与培训的管理者在 B 框中填入信息。先填结果 B 框，再填管理 B 框。结果 B 框中的内容应包含他们希望在明年实现的目标，包括如何提高部门的业绩，以及发展他们的团队。十分钟后，让管理者两人一组，彼此交换信息。

作业

在管理 B 框中填入每天需要做的事，另外再制订一个日常习惯和执行计划表，以便更好地服务于管理 B 框中的内容，帮助取得结果 B。

> ### 讲义：能量小时四——管理 A-B 框
>
> 　　随着业务计划和目标的变化，我们的领导力和管理策略、风格、方法也应与时俱进。业务需求会发生变化，领导力也是如此。正如一句话所说："你不能重复做同样的事情，却得不到目标性结果。"图10.1揭示了这个简单易懂的概念，并由此总结出了一项十分有效的管理手段。无论是为了实现短期计划还是长期计划，找到使我们的管理方式与目标相匹配的方法都至关重要。
>
> ```
> ┌─────────────┐         ┌─────────────┐
> │   管理 A    │         │   管理 B    │
> │(今天所做的事)│         │(如何改变你的管理│
> │             │         │方式以取得结果B)│
> └──────┬──────┘         └──────┬──────┘
>        │      无法获得           │
>        │      结果 B             │
>        ▼                         ▼
> ┌─────────────┐         ┌─────────────┐
> │   结果 A    │         │   结果 B    │
> │(今天取得的结果)│       │(明年你希望取得的结果)│
> └─────────────┘         └─────────────┘
> ```

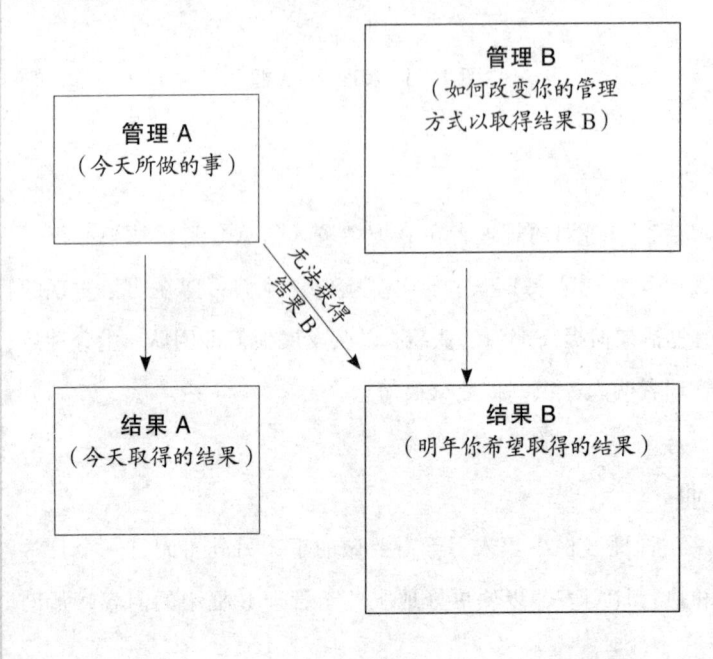

请在下面列出有助于完成管理 B 框任务的日常习惯和执行计划：

_____

_____

_____

第十一节 能量小时五
——管理过滤器

学前思考

在能量小时课程开始前,结合当下热点,查找一些简短有趣的材料与管理者分享,作为上课前的热身学习(建议摘选一些具有激发性或争议性的文章)。热身学习的目的在于激发管理者的表达欲,并使其对本次授课的主题有一个充分的了解。

学习目标

在课程结束并完成作业后,应建议管理者完成以下事项:
1. 讨论使用管理过滤器将决策与目标进行匹配的重要性。
2. 创建一个有助于达成主要目标的管理过滤器。
3. 开始每天使用自己建立的管理过滤器。

培训师的目标

培训师需要完成一小时的培训课程。学员在课上对管理工作进行探讨时,培训师需要发挥催化剂的作用。

· 第二章 能量小时

课程安排

十分钟： 简要讨论学前思考材料，如果布置过作业，请一并讨论（参见第四节）。分发讲义。

十五分钟： 概念模式或主题介绍。

十分钟： 利用激发性与共鸣性问题，对概念进行初步讨论。

十五分钟： 练习或应用。

十分钟： 最后的讨论以及布置作业。

激发性与共鸣性问题

1. 有时一些领导会言行不一，他们是有意这么做的吗？
2. 如何知道你的行为和决定有助于达成最终目标？
3. 你认为目标和当务之急不相互冲突是否正确？
4. 你是否会偶尔希望人们在做决定前多加思考？你的员工也希望你三思而行吗？

概念模式

目标和期望值为管理者如何管理企业提供了基础的信息。这些信息会形成过滤器，你可以通过它们设想如何把时间用在刀刃上。一旦确定了期望值——时间的把控和工作的成果——它就成了你的总体管理目标。

构建强大的协作团队的管理方法，与构建高度个性化或服从性团队的方法完全不同。一旦管理者准备建立一个强大并具有合作精神的团队，就需要设想如何计划、分配任务，如何管理项目，如何建立成功的合作。除了考虑以上几点外，你还可以更改办公室物品的摆设布局，以及用于联系团队成员的通信工具。如果想建立一个强大的团队，就需要确保团队成员之间有密切的联系。之后，管理者需要在团结协作方面对成员进行培训，并建立信任和开放的文化氛围。

　　管理过滤器可帮助管理者用具体可操作的方式，让所做之事向着预期方向发展。

　　创建一个支撑总体管理目标（期望值）的管理过滤器是非常容易的。想一想你对工作各个方面所抱有的期望值分别是什么。以建立强大和具有合作精神的团队为例，过滤器应该能筛选出与期望值相关的行动方式和决策。例如，如何召开加强合作的会议或提高创造力的会议。此外，你应根据期望值采取相关的措施和制定奖励机制，以便更好地加强团队精神建设，深化团队内部的关系。最后，你还需要思考今天能做些什么来提高团队实力和合作精神。虽然这是一个广泛的目标，但过滤器可以帮助你筛选出有效的事务，例如：

- 工作环境——在这里工作感觉如何？
- 如何安排、计划和促进会议？
- 如何做出和传达决策？
- 如何设定团队成员的角色？

第二章 能量小时

- 如何沟通和发现问题？
- 如何改变决定并进行公布和落实？
- 如何规划、组织和实施项目？
- 如何衡量和加强个人和团队的实力？
- 如何使团队成员相互联系？
- 如何处理差异和分歧？
- 你关注的事务有哪些？
- 如何沟通以促使员工和同事了解并达成你对他们的期望？
- 如何构建团队体系？

对于希望实现总体管理目标和达成期望值的管理者而言，管理过滤器是一个很好的工具，可以帮助管理团队以确保他们的行动和决策与公司的共同管理目标一致。

目标	过滤问题：采取此行动或做出此决定能对以下事情产生多大的积极影响？	对实现此目标的作用性		
建立团队合作精神	能否鼓励和加强团队精神和合作关系？	低	中	高
承诺完成项目	能否使团队在截止日期前完成任务？	低	中	高

目标	过滤问题：采取此行动或做出此决定能对以下事情产生多大的积极影响？	对实现此目标的作用性		
信任和关心	能否表明管理者对员工的信任和关心？	低	中	高
形象塑造	能否展现出一个积极和专业的形象，让管理者和公司都为此感到自豪？	低	中	高

练习

让学员用五分钟时间填完他们的管理过滤器，并以小组形式进行分享与讨论。

作业

建立管理过滤器并经常更新。将其应用到会议中，需要做出决策或列出事务的轻重缓急时，通过管理过滤器进行信息的筛选。

讲义：能量小时五——管理过滤器

目标和期望值为管理者如何管理企业提供了基础的信息。这些信息会形成过滤器，你可以通过它们设想如何把时间用在刀刃

· 第二章 能量小时

上。一旦确定了期望值——时间的把控和工作的成果——它就成了你的总体管理目标。一旦管理者准备建立一个强大并具有合作精神的团队，就需要设想如何计划、分配任务，如何管理项目，如何建立成功的合作。除了考虑以上几点外，你还可以更改办公室物品的摆设布局，以及用于联系团队成员的通信工具。管理过滤器可帮助管理者用具体可操作的方式，让所做之事向着预期方向发展。创建一个支撑总体管理目标（期望值）的管理过滤器是非常容易的。想一想你对工作各个方面所抱有的期望值分别是什么。

过滤器可以帮助你筛选出有效的信息以及亟待解决的问题，例如以下几个方面：

- 工作环境——在这里工作感觉如何？
- 如何安排、计划和促进会议？
- 如何做出和传达决策？
- 如何设定团队成员的角色？
- 如何沟通和发现问题？
- 如何改变决定并进行公布和落实？
- 如何规划、组织和实施项目？
- 如何衡量和加强个人和团队的实力？
- 如何使团队成员相互联系？
- 如何处理差异和分歧？
- 你关注的事务有哪些？

- 如何沟通以促使员工和同事了解达成你对他们的期望?
- 如何构建团队体系?

对于希望实现总体管理目标和期望的管理者而言,管理过滤器是一个很好的工具。

目标	过滤问题:采取此行动或做出此决定能对以下事情产生多大的积极影响?	对实现此目标的作用性		
建立团队合作精神	能否鼓励和加强团队精神和合作关系?	低	中	高
承诺完成项目	能否使团队在截止日期前完成任务?	低	中	高
信任和关心	是否表明管理者对员工的信任和关心?	低	中	高
形象塑造	能否展现出一个积极和专业的形象,让管理者和公司都为此感到自豪?	低	中	高
		低	中	高
		低	中	高

第十二节 能量小时六
——确定衡量指标

学前思考

在能量小时课程开始前,结合当下热点,查找一些简短有趣的材料与管理者分享,作为上课前的热身学习(建议摘选一些具有激发性或争议性的文章)。热身学习的目的在于激发管理者的表达欲,并使其对本次授课的主题有一个充分的了解。

学习目标

在课程结束并完成作业后,应建议管理者完成以下事项:

1. 讨论成功的重要性。

2. 确定衡量部门工作表现的关键性指标。

3. 就如何衡量和传达部门工作进度与运行状况的三大指标制订相关计划。

培训师的目标

培训师需要完成一小时的培训课程。学员在课上对管理工作进行探讨时,培训师需要发挥催化剂的作用。

课程安排

十分钟： 简要讨论学前思考材料，如果布置过作业，请一并讨论（参见第四节）。分发讲义。

十五分钟： 概念模式或主题介绍。

十分钟： 利用激发性与共鸣性问题，对概念进行初步讨论。

十五分钟： 练习或应用。

十分钟： 最后的讨论以及布置作业。

激发性与共鸣性问题

1. 你是否知道团队和部门的表现情况？
2. 如果他们表现得好，你需要通过哪些方面进行判断？如果表现得差，你知道为什么吗？
3. 观察你今天针对某一项工作所采取的措施或方法，这些措施或方法是否能解决最重要的事情？
4. 你认为查清事情失败或成功的原因，是较为重要的事吗？你对某件事情的重视程度是否大于其他事情？
5. 你对许多事情都进行了价值衡量还是只对一小部分进行了价值衡量？

概念模式

有效的信息可以使你做出更好的决策，进而提高业绩。

第二章 能量小时

你知道团队的表现如何吗？你每天、每周或每月应该参照哪些标准行事？如果你使用了恰当的指标，那么这项指标就可以帮助你做出正确的决定并获得成功；如果你使用的衡量指标没有体现或没有准确说明事务的情况，这表示你对事务本身也不了解，最后会导致失败。所以，管理者应该对自己部门的情况了如指掌。

当项目没有按原计划执行，或在执行过程中遇到阻碍时，我们确定的指标可以提供早期的预警信号。

虽然确定恰当的指标并非易事，但不要让这些数据和分析使你胆怯。一旦你采用了常规的程序，再从分析的视角审视事务时，处理这些数据会更加得心应手。

当选择和确定指标时，请考虑对于内部和外部管理者来说，什么符合他们眼中优秀的标准。根据这些标准，你会知道自己需要了解该业务的哪些方面，从而确定适合你所在领域的指标，然后针对如何衡量、更新和传达这些指标，制订一些行动方针，并且将这些行动方针尽可能地公开透明化。信息就是力量，你的团队成员越是了解什么是对的、有效的，他们就能越好地推动团队走向成功。

衡量指标会使你和团队成员对部门事务的讨论更具准确性和针对性。如果在讨论中加入正确的指标内容，就会使对话更加丰富，并会产生更积极的影响。当你在制订行动方针时，需要把指标纳入每天和每周的工作计划中，并以这个计划为标准，将其当成合作伙伴，与你共同实现目标。以下是制订行动方针的几种方法：

√ 让整个团队成员参与、选择、确定衡量指标。

√ 定期以指标为标准，对业绩进行评估，使其成为日常工作惯例。

√ 在小组会议上讨论指标。关于会议主旨，你和团队成员不仅需要审查其是否符合指标，还须进行多方面的探讨。

√ 在公告板、内联网和办公室墙上都贴上指标。

√ 承认并庆祝成功。

如果你和团队成员对将要实现的目标非常清楚，并建立了相应的指标，还对这些指标进行定期讨论，那么你们的业绩就会提高。最后，你们就会在所专注的方面取得成果。

练习

要求参与者在五分钟内思考以下两个问题，然后在接下来的十分钟内让每个人说出他们的答案。

1. 你和团队成员对工作能做出的最大贡献是什么？
2. 你对此贡献进行衡量的指标是什么？

作业

使用"确定指标"工作表让你的团队成员参与确定相关的工作衡量指标，以确保你所确定指标的重要性。除此之外，从中选择三个指标，定期跟踪观察并与你的团队进行沟通。

讲义：能量小时六——确定衡量指标

有效的信息可以使你做出更好的决策，进而提高业绩。

你知道团队的表现如何吗？你每天、每周或每月应该参照哪些标准行事？如果你使用了恰当的指标，那么这项指标就可以帮助你做出正确的决定并获得成功；如果你使用的衡量指标没有体现或没有准确说明事务的情况，这表示你对事务本身也不了解，最后会导致失败。所以，管理者应该对自己部门的情况了如指掌。

当项目没有按原计划执行，或在执行过程中遇到阻碍时，我们确定的指标可以提供早期的预警信号。

虽然确定恰当的指标并非易事，但不要让这些数据和分析使你胆怯。一旦你采用了常规的程序，再从分析的视角审视事务时，处理这些数据会更加得心应手。

当选择和确定指标时，请考虑对于内部和外部管理者来说，什么符合他们眼中优秀的标准。根据这些标准，你会知道自己需要了解该业务的哪些方面，从而确定适合你所在领域的指标，然后针对如何衡量、更新和传达这些指标，制订一些行动方针，并且将这些行动方针尽可能地公开透明化。信息就是力量，你的团队成员越是了解什么是对的、有效的，他们就能越好地推动团队走向成功。

衡量指标会使你和团队成员对部门事务的讨论更具准确性和针对性。如果在讨论中加入正确的指标内容，就会使对话更加丰富，并会产生更积极的影响。当你在制订行动方针时，需要把指标纳入每天和每周的工作计划中，并以这个计划为标准，将其当成合作伙伴，与你共同实现目标。以下是制订行动方针的几种方法：

√让整个团队成员参与、选择、确定衡量指标。

√定期以指标为标准，对业绩进行评估，使其成为日常工作惯例。

√在小组会议上讨论指标。关于会议主旨，你和团队成员不仅需要审查其是否符合指标，还须进行多方面的探讨。

√在公告板、内联网和办公室墙上都贴上指标。

√承认并庆祝成功。

如果你和团队成员对将要实现的目标非常清楚，并建立了相应的指标，还对这些指标进行定期讨论，那么你们的业绩就会提高。最后，你们就会在所专注的方面取得成果。

1. 你和团队成员对工作能做出的最大贡献是什么？

_____

_____

2. 你对此贡献进行衡量的指标是什么？

_____

_____

第二章 能量小时

指标问卷调查

1. 你的团队在公司中发挥什么作用？你应该在哪些方面对公司做出贡献？

_____

_____

2. 你的部门当前确定的指标是什么？以这些指标为依据，请衡量你自己的业绩水平。

_____

_____

3. 根据公司对你们部门的期望，你认为当前的这些指标能否满足要求？

_____

_____

4. 如果向重要的内部或外部管理者展示这些指标，他们会认为这些是最重要的吗？如果不是，他们建议的指标是什么？

_____

_____

5. 你是否在依照这些指标努力，但并没有取得好的业绩？如果是这样，请说明原因。

_____

_____

6. 如果让你只列出两个团队业绩指标，请问分别是什么？衡量这些指标是否有效的最佳方法是什么？对此指标进行衡量和审查一般多久进行一次？谁负责收集和传达这些数据？根据这些指标要求，是否能判断你们目前的表现？（如果不知道，请快速思考并与团队成员开会进行总结。）

_____

_____

7. 如何推动团队向前发展？

_____

_____

第十三节 能量小时七
——大满贯全垒打

学前思考

在能量小时课程开始前,结合当下热点,查找一些简短有趣的材料与管理者分享,作为上课前的热身学习(建议摘选一些具有激发性或争议性的文章)。热身学习的目的在于激发管理者的表达欲,并使其对本次授课的主题有一个充分的了解。

学习目标

在课程结束并完成作业后,应建议管理者完成以下事项:

1. 设定工作中"大满贯全垒打"的标准。
2. 确立一个"大满贯全垒打"目标。
3. 就"大满贯"目标,与团队成员进行沟通。
4. 制订达成此目标的方针策略。

培训师的目标

培训师需要完成一小时的培训课程。学员在课上对管理工作进行探讨时,培训师需要发挥催化剂的作用。

课程安排

十分钟： 简要讨论学前思考材料,如果布置过作业,请一并讨论(参见第四节)。分发讲义。

十五分钟： 概念模式或主题介绍。

十分钟： 利用激发性与共鸣性问题,对概念进行初步讨论。

十五分钟： 练习或应用。

十分钟： 最后的讨论以及布置作业。

激发性与共鸣性问题

1. 关于团队的表现,良好与优秀的区别是什么?

2. 你知道你的领导所设定的"大满贯"目标吗?

3. 你和团队上次取得"大满贯"是什么时候?取得成功的原因有哪些?

4. 如果你设定并同意实施"大满贯"目标,是在多加任务,自讨苦吃吗?

概念模式

有时在工作中,管理者会遇到一些棘手的问题,这时就需要管理者竭尽全力去解决。但管理者不仅仅是公司的齿轮,他们也是发动机,带动员工向前,同时决定着公司向着目标前进的步伐。我认为,管理者最讨厌做的事就是一坐一整天,被各种待办事项

第二章 能量小时

占据着大脑。虽然每天都有许多事要去做，但是管理者和团队需要将精力聚集于一些可以推进工作进展的事情上。管理者想要获得成功，必须在工作中交出一份完美的答卷——优质的产品和服务，并且带领自己的团队茁壮成长，最终取得胜利。事实上，任何人都可以取得某种结果，但只有最杰出的管理者才能有所作为，为公司做出巨大贡献。

"大满贯全垒打"是棒球运动用语。当击球员将球击出场外（而不是界外）时，称为本垒打。然后击球员开始依序跑垒，跑完一圈回到本垒后，得一分。如果在其他垒包（一垒、二垒或三垒）上已经有跑者（打者击出球且成功上垒的人），那么击球员也需跑垒一圈并回到本垒。当打者打出一个本垒打，并且其他三个垒包上均有跑者时，这被称为"大满贯全垒打"，而这种情况也会获得最高分——四分。如果用"大满贯"形容工作，就是在最大限度地调动全体成员的合作精神，并使整个团队获得最大的成功。

我们可以把"大满贯全垒打"当成一个基准，以此来衡量管理业绩，因为管理者所做的一切都应该对团队、同事和公司产生积极影响。如果管理者要做某事，就将目标设定为"大满贯"吧！

管理者请向上级询问：自己和团队成员需要在明年取得什么业绩成果。此外，对于每个重要的成果而言，"大满贯"的标准是什么。例如，如果重要业绩的成果是需要在8月1日前，在预算范围内，成功贯彻实施新的会计系统，那么"大满贯"的标准可能包括以下内容：

·在旺季7月1日前完成会计系统的实施。

·让会计部门参与到项目中，以便加强使用者意识并提高会计系统的接受度。

·实施项目的同时提高会计人员的电脑技能，以便会计人员可以更好地使用新系统的功能。

·制订强有力的应急计划，以应对项目中任何潜在的问题。

·找到解决问题的办法并降低项目成本——利用团队的创造力来找到过渡到新系统的最佳方法。

在努力完成一个项目时，应同时兼顾并推动其他相关项目的进行，这样一来，工作的其他方面也会得到改善与提高，这才是出色、有效的计划和管理。作为一名有事业心和有才能的管理者，会不断探索优秀的定义，正如会计人员需要了解优秀的标准，以此衡量自己的团队的表现。因此，管理者应该对"大满贯全垒打"设定标准，并向此目标努力，以便为公司做出卓越的贡献，产生积极的影响。

练习

要求参与者选择他们的团队最近正在进行（或即将开展工作）的一个项目，说出项目的目标，并以"大满贯"的标准对目标进行重新设定。十分钟后，让他们以小组的形式分享并讨论他们的"大满贯全垒打"目标。

· 第二章 能量小时

作业

管理者与上级和团队成员分享自己的"大满贯全垒打"目标，并听取他们的意见。然后以此为基准，调整自己的思维和行动方针，争取达成最终目标。

讲义：能量小时七——大满贯全垒打

有时在工作中，管理者会遇到一些棘手的问题，这时就需要管理者竭尽全力去解决。但管理者不仅仅是公司的齿轮，他们也是发动机，带动员工向前，同时决定着公司向着目标前进的步伐。我认为，管理者最讨厌做的事就是一坐一整天，被各种待办事项占据着大脑。虽然每天都有许多事要去做，但是管理者和团队需要将精力聚集于一些可以推进工作进展的事情上。管理者想要获得成功，必须在工作中交出一份完美的答卷——优质的产品和服务，并且带领自己的团队茁壮成长，最终取得胜利。事实上，任何人都可以取得某种结果，但只有最杰出的管理者才能有所作为，为公司做出巨大贡献。

"大满贯全垒打"来自棒球运动用语。当击球员将球击出场外（而不是界外）时，称为本垒打。然后击球员开始依序跑垒，跑完一圈回到本垒后，得一分。如果在其他垒包（一垒、二垒或三垒）上已经有跑者（打者击出球且成功上垒的人），那么击球员也需跑垒一圈并回到本垒。当打者打出一个本垒打，并且其他三个垒包上均有跑者时，这被称为"大满贯全垒打"，而这种情况也会获得最高分——四分。如果用"大满贯"形容工作，就是在最大限度地调动全体成员的合作精神，并使整个团队获得最大的成功。

我们可以把"大满贯全垒打"当成一个基准，以此来衡量管理业绩，因为管理者所做的一切都应该对团队、同事和公司产生积极影响。如果管理者要做某事，就将目标设定为"大满贯"吧！

管理者请向上级询问：自己和团队成员需要在明年取得什么业绩成果。此外，对于每个重要的成果而言，"大满贯"的标准是什么。例如，如果重要业绩的成果是需要在8月1日前，在预算范围内，成功贯彻实施新的会计系统，那么"大满贯"的标准可能包括以下内容：

· 在旺季7月1日前完成会计系统的实施。

· 让会计部门参与到项目中，以便加强使用者意识并提高会计系统的接受度。

· 实施项目的同时提高会计人员的电脑技能，以便会计人员可以更好地使用新系统的功能。

· 制订强有力的应急计划，以应对项目中任何潜在的问题。

· 找到解决问题的办法并降低项目成本——利用团队的创造力来找到过渡到新系统的最佳方法。

在努力完成一个项目时，应同时兼顾并推动其他相关项目的进行，这样一来，工作的其他方面也会得到改善与提高，这才是

第二章 能量小时

出色、有效的计划和管理。作为一名有事业心和有才能的管理者，会不断探索优秀的定义，正如会计人员需要了解优秀的标准，以此衡量自己的团队的表现。因此，管理者应该对"大满贯全垒打"设定标准，并向此目标努力，以便为公司做出卓越的贡献，产生积极的影响。

_____

_____

_____

目标	大满贯全垒打目标	大满贯全垒打的衡量标准
在预算范围内的第二季度，实施新的预订系统	预订系统已实施并受到员工们的欢迎。你已经制订了应急计划，并确保每个员工都受过培训，并且在投入使用后，他们对此都感到满意。你利用这个机会培训储备员工，并已经为这一变革带来动力和活力，这将为下一阶段的预订系统的发展提供能量和支持	你正在进行重大改变，同时通过新系统降低风险并提高人们的舒适度和能力。你正在主动努力地让人们积极参与并应用新系统。你正在增强团队的活力和能力，以便顺利地过渡到新系统中

目标	大满贯全垒打目标	大满贯全垒打的衡量标准
年底之前，在预算范围内对员工进行换岗培训	通过换岗培训，更好地了解员工们的优势和职业目标。制订换岗培训计划，在不同工作的人员之间建立协作与合作机制。制订一个关于请假和休假的方案，这样一来，如果有人生病，换岗培训就会派上用场。针对每个职位，须对至少两个人进行换岗培训	该计划非常庞大，按计划实施的可能性也非常大。大多数人因为他们没有考虑到外在原因对计划的影响，导致换岗培训计划被搁置。此外，该计划还会巩固员工之间的关系，并且了解人们的强项和弱项，以及职业兴趣
在7月31日之前制定并实施产品开发审核流程	在创建流程之前，请与主要股东交谈。创建一个受主要股东广泛支持并尊重人们时间的工作流程。该审核流程应包括相关规定，说明在审核人外出的情况下该如何操作。该流程还需涉及公司的各个部门，但参加会议的人数不宜过多。另外，还须确保在审核会议开始之前，产品经理已收集和传达关键分析数据和指标	根据这些注意事项以及审核流程，使人们有准备地参加会议，并可以及时做出决定。这种方法会使人们有效地利用时间，并汇总公司各个部门的意见

第十四节 能量小时八
——定义优秀

学前思考

在能量小时课程开始前,结合当下热点,查找一些简短有趣的材料与管理者分享,作为上课前的热身学习(建议摘选一些具有激发性或争议性的文章)。热身学习的目的在于激发管理者的表达欲,并使其对本次授课的主题有一个充分的了解。

学习目标

在课程结束并完成作业后,应建议管理者完成以下事项:

1. 讨论制定优秀标准的重要性。
2. 总结自己的团队如何定义优秀。
3. 在培训结束后,让管理者将自己理解的优秀含义告知团队成员。

培训师的目标

培训师需要完成一小时的培训课程。学员在课上对管理工作进行探讨时,培训师需要发挥催化剂的作用。

课程安排

十分钟： 简要讨论学前思考材料，如果布置过作业，请一并讨论（参见第四节）。分发讲义。

十五分钟： 概念模式或主题介绍。

十分钟： 利用激发性与共鸣性问题，对概念进行初步讨论。

十五分钟： 练习或应用。

十分钟： 最后的讨论以及布置作业。

激发性与共鸣性问题

1. 团队成员是否了解你设定的优秀标准？
2. 成员们知道什么是优秀的表现吗？
3. 如果你没有告诉他们，他们如何判断优秀的标准？
4. 如果他们对你所定义的优秀含义非常了解，你认为他们会表现得更好吗？

概念模式

在工作中令人遗憾的一点是，我们一般不会经常围绕优秀出色的工作表现展开讨论。

工作中，出色的表现是值得称赞的一件事！我们没有看到出色的表现的一个常见原因是：我们没有谈论过出色表现的标准，也无法判断哪些表现与出色相符合。讨论何为出色工作，能对整

第二章 能量小时

个团队产生积极的影响,其原因就是对话可以创造现实。如果抽出一些时间与你的团队成员对何为出色工作进行讨论,那么他们将会表现得更好。因为人们习惯于根据期望值和个人动机,对该做什么以及如何去做,做出个人选择。

为了更加深入地讨论,管理者需要对优秀下定义,并就实现优秀的方式加以描述。但是,"优秀意味着把工作做得好"这样的话是没有说服力、没有帮助的。想象一下,你的团队成员正在蓬勃成长,并且表现得都很优秀。在这种情景下,写下你认为他们优秀表现的具体行为,比如:他们如何沟通?如何利用时间?当问题出现时,他们会采取什么办法解决?他们在哪些方面表现出创造力?你看到了哪些创新精神?业绩超越目标时,应该具有怎样的表现?在学习和建立人际关系方面,应该处于什么状态?

管理者针对自己部门的具体情况,对优秀进行定义,并列在一张纸上。然后,对具体的每个岗位添加一两段文字,进一步说明。你可以让团队成员参与到其中,但首先他们需要知道你对优秀的理解。以下是给管理团队参考的一个示例。

优秀的管理体现在以下方面:

√你和你的团队成员专注于做最重要的事情,并且会取得优秀的成果。在快节奏的工作下,你的团队并没有感到疲惫;相反,他们十分了解哪些事情是当务之急,哪些工作会对部门和企业目标产生影响。

√良好的工作环境会使团队成员在工作中尽最大的努力,并有效地执行工作任务。成员们知道自己要对工作结果负责,他们没有退缩并且一直被自己追求卓越和成功的内在动力所驱使。团队之间关于业务的交流与沟通是开放和坦诚的,在这种环境中他们会感到自己的工作受到了挑战,并会意识到自己的重要性。

√要知道,时间是非常宝贵的资源,你须确保自己和团队成员有效地利用了时间,所以,工作会议仅在必要时召开。顺利进行的会议必须是生动有趣,并具有激发性、共鸣性和针对性的。相比私下的交流,人们更愿意在会议上参与业务讨论并提出自己的想法和顾虑。如果你和你的团队成员之间已形成了良好的沟通,就不要再因不必要的会议、电子邮件、电话会议或书面材料而浪费人们的宝贵时间了。

√说"不"和"是"是同等重要的。一旦你指出了工作重点并表明了态度,就要确保你的团队成员已经将工作注意力集中到了最重要的事情上,而不是其他项目或任务中。当你与上级和同事合作时,要高效地开展工作,必须选择能最快达成公司目标的工作内容。此外,你的工作重点应是帮助你和团队取得良好的成果,并为内部和外部管理者提供优质的服务,而不是讨论一些对工作没有帮助的事情。

√你已对部门进行了调整和改变,以更好地满足内部和外部管理者的需求。你积极消除一些障碍,以便提供优质的服务,并重新建立一些对你的管理运作有帮助的流程和方法。

√当你意识到为内部管理者提供服务的重要性时,才能更好

· 第二章 能量小时

地为外部管理者服务，并使其满意。有时，你需要主动与同事合作，以确保部门之间的工作能有效地开展与进行。

√变化是永恒存在的，你和团队需要灵活地应对不断变化的需求和条件。当新的需求出现时，你要毫不犹豫地重新调整任务和工作流程，并且帮助你的团队进行自我调整，以应对变化。

√你需要知道自己所代表的公司的形象，并且在帮助公司发展和走向成熟的过程中发挥重要的作用。当你表现优秀，并且人们很愿意与你一起共事时，你就会被公司员工认为是可靠且值得信赖的，他们希望你成为团队中的一员，并且他们知道你会支持他们的需求和目标。如果你认真对待行政工作，并按时完成填写表格和报告，那么，作为公司的代理人，你就可以代表公司做出正确的判断，并保护公司免受意外风险。

这就是优秀的管理模式。我们知道每位管理者都能对公司做出贡献，不过值得注意的是，你们中的一些人可能需要改变自己的习惯，或学习新的技能。因为当你达到出色的管理水平时，工作的各个方面都会有很大的提高，你对公司来说也将变得更加重要，有时还会直接影响工作结果。所以，强大的团队须团结一致，努力做好工作，只有这样，你的公司才会变得更好、更强大。对于管理者和潜在雇员来说，这样也会使自己更加受欢迎。

练习

将培训参与者分成三个或四个小组，然后让每组对以下任意一个问题进行回答：

    1. 在会议方面，如何做到优秀？

    2. 在团队项目方面，如何做到优秀？

    3. 在时间管理方面，如何做到优秀？

    4. 在工作效率方面，如何做到优秀？

五分钟后，请每个小组分享答案并进行讨论。

作业

提出自己对优秀的定义，并在接下来的一周内告知团队成员。

讲义：能量小时八——定义优秀

我们没有看到出色的表现的一个常见原因是：我们没有谈论过出色表现的标准，也无法判断哪些表现与出色相符合。讨论何为出色工作，能对整个团队产生积极的影响，其原因就是对话可以创造现实。如果抽出一些时间与你的团队成员对何为出色工作进行讨论，那么他们将会表现得更好。因为人们习惯于根据期望值和个人动机，对该做什么以及如何去做，做出个人选择。

为了更加深入地讨论，管理者需要对优秀下定义，并就实现优秀的方式加以描述。但是，"优秀意味着把工作做得好"这样的话是没有说服力、没有帮助的。

管理者针对自己部门的具体情况，对优秀进行定义，并列在

第二章 能量小时

一张纸上。然后,对具体的每个岗位添加一两段文字,进一步说明。你可以让团队成员参与到其中,但首先他们需要知道你对优秀的理解。

想象一下,你的团队成员正在蓬勃成长,并且表现得都很优秀。在这种情景下,写下你认为他们优秀表现的具体行为,比如:他们如何沟通?如何利用时间?当问题出现时,他们会采取什么办法解决?他们在哪些方面表现出创造力?你看到了哪些创新精神?业绩超越目标时,应该具有怎样的表现?在学习和建立人际关系方面,应该处于什么状态?

内容	优秀标准
交流与沟通	
合作与协作	
专业精神	
创造力和创新精神	
工作表现	
会议组织	
发现和解决问题	

续表

内容	优秀标准
应变性和敏捷度	
结果与表现	
团队与企业	

示例（管理团队的优秀表现）：

你和你的团队成员专注于做最重要的事情，并且会取得优秀的成果。在快节奏的工作下，你的团队并没有感到疲惫；相反，他们十分了解哪些事情是当务之急，哪些工作会对部门和企业目标产生影响。

良好的工作环境会使团队成员在工作中尽最大的努力，并有效地执行工作任务。成员们知道自己要对工作结果负责，他们没有退缩并且一直被自己追求卓越和成功的内在动力所驱使。团队之间关于业务的交流与沟通是开放和坦诚的，在这种环境中他们会感到自己的工作受到了挑战，并会意识到自己的重要性。

要知道，时间是非常宝贵的资源，你须确保自己和团队成员有效地利用了时间，所以，工作会议仅在必要时召开。顺利进行的会议必须是生动有趣，并具有激发性、共鸣性和针对性。相比私下的交流，人们更愿意在会议上参与业务讨论并提出自己的想法和顾虑。如果你和你的团队成员之间已形成了良好的沟通，就不要再因不必要的会议、电子邮件、电话会议或书面材料而浪费人们的宝贵时间了。

说"不"和"是"是同等重要的。一旦你指出了工作重点并表明了态度,就要确保你的团队成员已经将工作注意力集中到了最重要的事情上,而不是其他项目或任务中。当你与上级和同事合作时,要高效地开展工作,必须选择能最快达成公司目标的工作内容。此外,你的工作重点应是帮助你和团队取得良好的成果,并为内部和外部管理者提供优质的服务,而不是讨论一些对工作没有帮助的事情。

你已对部门进行了调整和改变,以更好地满足内部和外部管理者的需求。你积极消除一些障碍,以便提供优质的服务,并重新建立一些对你的管理运作有帮助的流程和方法。

当你意识到为内部管理者提供服务的重要性时,才能更好地为外部管理者服务,并使其满意。有时,你需要主动与同事合作,以确保部门之间的工作能有效地开展与进行。

变化是永恒存在的,你和团队需要灵活地应对不断变化的需求和条件。当新的需求出现时,你要毫不犹豫地重新调整任务和工作流程,并且帮助你的团队进行自我调整,以应对变化。

你需要知道自己所代表的公司的形象,并且在帮助公司发展和走向成熟的过程中发挥重要的作用。当你表现优秀,并且人们很愿意与你一起共事时,你就会被公司员工认为是可靠且值得信赖的,他们希望你成为团队中的一员,并且他们知道你会支持他们的需求和目标。如果你认真对待行政工作，并按时完成填写表格和报告，那么，作为公司的代理人，你就可以代表公司做出正确的判断，并保护公司免受意外风险。

这就是优秀的管理模式。我们知道每位管理者都能对公司做出贡献，不过值得注意的是，你们中的一些人可能需要改变自己的习惯，或学习新的技能。因为当你达到出色的管理水平时，工作的各个方面都会有很大的提高，你对公司来说也将变得更加重要，有时还会直接影响工作结果。所以，强大的团队须团结一致，努力做好工作，只有这样，你的公司才会变得更好，更强大。对于管理者和潜在雇员来说，这样也会使自己更加受欢迎。

第十五节 能量小时九
——传达期望值

学前思考

在能量小时课程开始前,结合当下热点,查找一些简短有趣的材料与管理者分享,作为上课前的热身学习(建议摘选一些具有激发性或争议性的文章)。热身学习的目的在于激发管理者的表达欲,并使其对本次授课的主题有一个充分的了解。

学习目标

在课程结束并完成作业后,应建议管理者完成以下事项:

1. 讨论传达期望值的重要性。
2. 了解确定期望值所需要考虑的要素。
3. 在培训后一周内,至少给一名员工设定期望值。

培训师的目标

培训师需要完成一小时的培训课程。学员在课上对管理工作进行探讨时,培训师需要发挥催化剂的作用。

课程安排

十分钟： 简要讨论学前思考材料，如果布置过作业，请一并讨论（参见第四节）。分发讲义。

十五分钟： 概念模式或主题介绍。

十分钟： 利用激发性与共鸣性问题，对概念进行初步讨论。

十五分钟： 练习或应用。

十分钟： 最后的讨论以及布置作业。

激发性与共鸣性问题

1. 你的员工是否知道你对他们的期望？他们是如何知道的？

2. 你为他们设定的期望值会经常改变吗？你如何确保他们了解这些变化？

3. 关于期望值，管理者和员工一年应该讨论多少次？有什么实用的方法？

4. 如果基于上述情况，向你的员工传达对他们的期望值，你认为最有可能让他们感到惊讶的是什么？

概念模式

作为一名管理者，你可以向员工传达自己对他们的期望值，这样会使他们提高工作专注度和工作效率。具有影响力的中层管理人员与员工交谈时，不仅仅会讨论一些显而易见的整体目标，

· 第二章 能量小时

还会探讨一些更细致的内容。他们会确保每个人都能完全理解，如何做才能最好地为公司贡献自己的力量。但是，关于期望值，管理者讨论的内容通常与常规内容之间存在差异。

以下是管理者通常讨论的期望值的内容：

·员工需要完成的任务。

·员工需要完成的特定项目。

·员工应负责的需要定期完成的和持续性的工作。

·员工应从事的工作类型。

·员工向经理提出的一些与工作相关的问题。

以下是常规讨论的期望值内容：

·员工如何发现和解决问题？

·员工如何履行职能和代表公司？

·员工如何产生新想法和提高业绩？

·员工如何分析和管理公司资源（例如职员、财务、设备）？

·员工如何管理公司其他相关人员？

·员工如何开发和维护业务关系？

·员工在执行任务、按时完成任务和最终结果方面的表现。

·员工在判断和决定事情方面的表现。

·员工在工作准备和工作参与方面的表现。

·员工在工作计划和沟通方面的表现。

·员工如何提升自身的表现？

虽然常规目标内容包含的方面比较多，但依旧需要确保每个

管理者 20 法则

人完全理解公司对他们的期望值以及为他们所设定的目标。一旦管理者使用了这种方法，就会发现员工的工作重点开始发生改变，因为这让员工意识到了自己对公司的重要性，以及个人才能可施展的空间。有些员工最初可能会对这种做法很抗拒，但那些真正想要交出一份高质量工作答卷并干出一番成就的人，会发现这种方法能调动自己的积极性，激励自己前进。

在讨论工作目标时不要过于拘泥和规范化，可以进行微观管理。例如，管理者可以让员工们知道，他们需要多久汇报一次工作进度。注意，在汇报时，员工无须统一计划报告的样式，或在第一份报告中列出工作内容。

关于员工工作目标的设立，需要管理者为员工建立业绩衡量标准。这里要注意，这个衡量标准不包括指导他们如何工作。如果员工需要了解一些关于完成任务或项目的技巧或方法，应另外安排一次会议讨论，以满足此需求。

位于二八定律的任务清单之首的建议是这样的：成功的会议讨论，将为员工取得最佳业绩和提高工作效率奠定坚实的基础；清晰地传达对员工的期望值，比任何管理方法都更容易实现目标。

会议讨论之前需要注意以下事项：

√思考并列出你为员工所设定的目标，打印后发给他们。

√与同事和其他管理者交谈，确保对需要改进的地方的规划设想是正确的。

√确保会议时间的设定有利于轻松详细地进行会议讨论（时

第二章 能量小时

间尽量不要定在大型会议前三十分钟或周五下午四点半）。

√向员工说明，此次讨论将侧重于确保他们清楚公司对自己设定的期望值，以及其如何为公司做出重大贡献。另外，向员工"说明"这种做法将有助于他们专注于工作并取得项目的成功。最后，继续与其他员工进行类似的对话。

讨论过程中需要注意以下事项：

√不要泛泛而谈，而是要以明确、具体和坚定的表达方式说明你对员工设定的期望值。

√以"实事求是"的方式进行表达。这么做可以在讨论中减少感情交流的时间。另外，在对话过程中，不应使用请求或推销行为的言辞。

√以讨论的结果为重点。注意，在讨论过程中，自己可以酌情决定讨论的内容和方法。

√尽可能地列明所有目标。

√在讨论过程中，可以围绕主题回答疑问，但不能跑题。讨论的主要结果就是使员工清楚地了解自己所要达成的目标。

讨论之后需要注意以下事项：

√一旦完成了初步讨论，就可以在平时的日常工作环境中加强人们对期望值的意识。这样做还可以帮助公司中的其他人了解每个人的角色和责任。

√一定要跟进未达到的期望值。出现问题应立即想办法解决，不要拖着不去处理，因为这样做意味着并不想达成此期望值。

许多员工并不完全了解管理者对他们设定的期望值，一旦这样，结果就会非常糟糕。因为期望值的不确定会影响工作的满意度、工作效率和工作结果。所以只有通过向他们说明所要达成的期望值，才可以确保员工工作方向的正确性，从而奠定成功的基础。

练习

要求每名管理者从常规讨论的期望值中选择一项，然后根据相关内容，用一到两句话为团队成员设定期望值。五分钟后，请几位管理者分享自己列出的内容。

作业

为你的团队成员设定期望值，并在此次培训结束后的一个月内与至少一名员工进行讨论。

讲义：能量小时九——传达期望值

作为一名管理者，你可以向员工传达自己对他们的期望值，这样会使他们提高工作专注度和工作效率。具有影响力的中层管理人员与员工交谈时，不仅仅会讨论一些显而易见的整体目标，还会探讨一些更细致的内容。他们会确保每个人都能完全理解，如何做才能最好地为公司贡献自己的力量。但是，关于期望值，

第二章 能量小时

管理者讨论的内容通常与常规内容之间存在差异。

以下是管理者通常讨论的期望值的内容：
- 员工需要完成的任务。
- 员工需要完成的特定项目。
- 员工应负责的需要定期完成的和持续性的工作。
- 员工应从事的工作类型。
- 员工向经理提出的一些与工作相关的问题和疑问。

以下是常规讨论的期望值内容：
- 员工如何发现和解决问题？
- 员工如何履行职能和代表公司？
- 员工如何产生新想法和提高业绩？
- 员工如何分析和管理公司资源（例如职员、财务、设备）？
- 员工如何管理公司其他相关人员？
- 员工如何开发和维护业务关系？
- 员工在执行任务、按时完成任务和最终结果方面的表现。
- 员工在判断和决定事情方面的表现。
- 员工在工作准备和工作参与方面的表现。
- 员工在工作计划和沟通方面的表现。
- 员工如何提升自身的表现？

虽然常规目标内容包含的方面比较多，但依旧需要确保每个人完全理解公司对他们的期望值以及为他们所设定的目标。一旦管理者使用了这种方法，就会发现员工的工作重点开始发生改变，因为这让员工意识到了自己对公司的重要性，以及个人才能可施展的空间。有些员工最初可能会对这种做法很抗拒，但那些真正想要交出一份高质量工作答卷并干出一番成就的人，会发现这种方法能调动自己的积极性，激励自己前进。

在讨论工作目标时不要过于拘泥和规范化，可以进行微观管理。例如，管理者可以让员工们知道，他们需要多久汇报一次工作进度。注意，在汇报时，员工无须统一计划报告的样式，或在第一份报告中列出工作内容。

关于员工工作目标的设立，需要管理者为员工建立业绩衡量标准。这里要注意，这个衡量标准不包括指导他们如何工作。如果员工需要了解一些关于完成任务或项目的技巧或方法，应另外安排一次会议讨论，以满足此需求。

位于二八定律的任务清单之首的建议是这样的：成功的会议讨论，将为员工取得最佳业绩和提高工作效率奠定坚实的基础；清晰地传达对员工的期望值，比任何管理方法都更容易实现目标。

会议讨论之前需要注意以下事项：

√思考并列出你为员工所设定的目标，打印后发给他们。

√与同事和其他管理者交谈，确保对需要改进的地方的规划设想是正确的。

第二章 能量小时

√确保会议时间的设定有利于轻松详细地进行会议讨论（时间尽量不要定在大型会议前三十分钟或周五下午四点半）。

√向员工说明，此次讨论将侧重于确保他们清楚公司对自己设定的期望值，以及其如何为公司做出重大贡献。另外，向员工"说明"这种做法将有助于他们专注于工作并取得项目的成功。最后，继续与其他员工进行类似的对话。

讨论过程中需要注意以下事项：

√不要泛泛而谈，而是要以明确、具体和坚定的表达方式说明你对员工设定的期望值。

√以"实事求是"的方式进行表达。这么做可以在讨论中减少感情交流的时间。另外，在对话过程中，不应使用请求或推销行为的言辞。

√以讨论的结果为重点。注意，在讨论过程中，自己可以酌情决定讨论的内容和方法。

√尽可能地列明所有目标。

√在讨论过程中，可以围绕主题回答疑问，但不能跑题。讨论的主要结果就是使员工清楚地了解自己所要达成的目标。

讨论之后需要注意以下事项：

√一旦完成了初步讨论，就可以在平时的日常工作环境中加强人们对期望值的意识。这样做还可以帮助公司中的其他人了解

管理者 20 法则

每个人的角色和责任。

√一定要跟进未达到的期望值。出现问题应立即想办法解决，不要拖着不去处理，因为这样做意味着并不想达成此期望值。

许多员工并不完全了解管理者对他们设定的期望值，一旦这样，结果就会非常糟糕。因为期望值的不确定会影响工作的满意度、工作效率和工作结果。所以只有通过向他们说明所要达成的期望值，才可以确保员工工作方向的正确性，从而奠定成功的基础。

第十六节 能量小时十
——如何制订计划

学前思考

在能量小时课程开始前,结合当下热点,查找一些简短有趣的材料与管理者分享,作为上课前的热身学习(建议摘选一些具有激发性或争议性的文章)。热身学习的目的在于激发管理者的表达欲,并使其对本次授课的主题有一个充分的了解。

学习目标

在课程结束并完成作业后,应建议管理者完成以下事项:

1. 讨论制订计划的重要性。
2. 说明每日和每周制订计划的习惯。
3. 在培训后一周内,制订并传达一项工作计划。

培训师的目标

培训师需要完成一小时的培训课程。学员在课上对管理工作进行探讨时,培训师需要发挥催化剂的作用。

课程安排

十分钟：	简要讨论学前思考材料，如果布置过作业，请一并讨论（参见第四节）。分发讲义。
十五分钟：	概念模式或主题介绍。
十分钟：	利用激发性与共鸣性问题，对概念进行初步讨论。
十五分钟：	练习或应用。
十分钟：	最后的讨论以及布置作业。

激发性与共鸣性问题

为了促进此能量小时目标的实现，请考虑以下问题：

1. 在一天或一周的日常工作中，应该利用多少时间制订计划？你现在用时多少？
2. 你是如何制订计划的？你最好的习惯或日常行为是什么？
3. 员工如何评价你制订计划的能力？
4. 在制订计划的过程中，你经常会遇到哪些阻碍？

概念模型

虽然制订工作计划十分关键，但很少有人按计划行事。如果每天花几分钟做计划，那么你的工作目标就会更加明确，也更易取得成功。

"计划"一词被意为"非紧急的事，不是现在必须要做的事

第二章 能量小时

情",这个定义使它成了拖延的完美借口。当然,我们都知道拖延行为会给以后的工作带来困扰,但如果我们不事先做好计划,随时都可能发生意料之外、难以控制的情况。

计划需要考虑你和团队在当下——本周、本月、今年、十年内——可以为公司做出的贡献,然后思考如何做才能达成目标。制订计划是一件有趣而重要,汇集了管理智慧的事。它决定了管理者应如何利用宝贵的时间,以及团队的精力、激情和优势应发挥在何处。

计划就像手中拿着五千美元疯狂购物一样。虽然选择买什么物品很有趣,但明智的选择也非常重要。假如你或你的团队所拥有的时间就是这五千美元,但团队每天的时间成本远远超过这个预算,那么你将如何花费这五千美元呢?你会将其花在近期需求上,还是用其投资远期事务?有效的计划将帮助你和你的团队在当下或未来取得最佳业绩。为了增强制订计划的能力,我建议你每日和每周都制订工作计划。以下是管理者在一周的工作中需要养成的好习惯:

· 周五下午或周一早上利用三十分钟计划接下来一周的工作(如果你的工作日不同,请选择适当的时间)。

· 安排会议和谈话,帮助你推进工作。

· 列出你想要做出或推进的决策,以及需要解决的问题,并把此列表张贴在显眼的地方。

· 思考你可以提供哪些有用的培训或指导,然后针对其中至少一项技能或事务，对员工进行指导或培训。

以下是一些需要养成的好习惯：

·每天早上，用二十分钟制订当天的计划。

·针对你的短期和长期目标，确定今天可以执行的两到三项工作内容。这一计划将有助于目标的实现。

·思考每个团队成员今天的主要工作任务。每个人是否都应从事最重要的项目或任务？你应该做哪些调整？你在哪些方面对员工进行帮助或指导最有用？是否有棘手的问题需要你去解决，以便每个团队成员都可以继续推进工作？

·制订工作会议计划。会议用时很宝贵！算一算坐在会议桌旁每个人的时间价值，你就会发现，你每天早上都需要用心思考如何规划和召开会议。当人们毫无准备地参加会议时，既浪费了时间，又浪费了精力。所以，制订一些会议标准，才能确保你召开的会议富有成效且能够推动工作向前发展。

不能将制订计划这件事孤立地看待，你需要使计划保持与其他工作的联系性。为了使计划发挥最大的效用，你需要与员工进行定期沟通。请详见下图所示。

第二章 能量小时

计划与沟通的关系作用

	低效 计划 高效	
高效 **沟通** **低效**	员工感到失意。他们不知道工作重点、时间如何安排,导致工作没有连贯性	员工了解工作计划内容,并向着成功目标努力
	员工没有计划性地工作,业绩表现靠碰运气	员工已制订工作计划,但因沟通不及时,无法认识到计划中的问题,所以业绩表现一般

练习

要求每位管理者用十分钟时间制订一周计划,然后分小组讨论,最后培训师对问题进行回答。

作业

连续两周制订每周和每日的工作计划,并且定期与你的团队和上级进行沟通。

讲义：能量小时十——如何制订计划

计划与沟通的关系作用

沟通	低效计划	高效计划
高效	员工感到失意。他们不知道工作重点、时间如何安排，导致工作没有连贯性	员工了解工作计划内容，并向着成功目标努力
低效	员工没有计划性地工作，业绩表现靠碰运气	员工已制订工作计划，但因沟通不及时，无法认识到计划中的问题，所以业绩表现一般

虽然制订工作计划十分关键，但很少有人按计划行事。如果每天花几分钟做计划，那么你的工作目标就会更加明确，也更易取得成功。

"计划"一词被意为"非紧急的事，不是现在必须要做的事情"，这个定义使它成了拖延的完美借口。当然，我们都知道拖延行为会给以后的工作带来困扰，但如果我们不事先做好计划，随时都可能发生意料之外、难以控制的情况。

计划需要考虑你和团队在当下——本周、本月、今年、十年

第二章 能量小时

内——可以为公司做出的贡献，然后思考如何做才能达成目标。制订计划是一件有趣而重要，汇集了管理智慧的事。它决定了管理者应如何利用宝贵的时间，以及团队的精力、激情和优势应发挥在何处。

计划就像手中拿着五千美元疯狂购物一样。虽然选择买什么物品很有趣，但明智的选择也非常重要。假如你或你的团队所拥有的时间就是这五千美元，但团队每天的时间成本远远超过这个预算，那么你将如何花费这五千美元呢？你会将其花在近期需求上，还是用其投资远期事务？有效的计划将帮助你和你的团队在当下或未来取得最佳业绩。为了增强制订计划的能力，我建议你每日和每周都制订工作计划。以下是管理者在一周的工作中需要养成的好习惯：

· 周五下午或周一早上利用三十分钟计划接下来一周的工作（如果你的工作日不同，请选择适当的时间）。

· 安排会议和谈话，帮助你推进工作。

· 列出你想要做出或推进的决策，以及需要解决的问题，并把此列表张贴在显眼的地方。

· 思考你可以提供哪些有用的培训或指导，然后针对其中至少一项技能或事务，对员工进行指导或培训。

以下是一些需要养成的好习惯：

· 每天早上，用二十分钟制订当天的计划。

・针对你的短期和长期目标，确定今天可以执行的两到三项工作内容。这一计划将有助于目标的实现。

・思考每个团队成员今天的主要工作任务。每个人是否都应从事最重要的项目或任务？你应该做哪些调整？你在哪些方面对员工进行帮助或指导最有用？是否有棘手的问题需要你去解决，以便每个团队成员都可以继续推进工作？

・制订工作会议计划。会议用时很宝贵！算一算坐在会议桌旁每个人的时间价值，你就会发现，你每天早上都需要用心思考如何规划和召开会议。当人们毫无准备地参加会议时，既浪费了时间，又浪费了精力。所以，制订一些会议标准，才能确保你召开的会议富有成效且能够推动工作向前发展。

每周计划表	
计划要素	本周计划事项
目标（大满贯全垒打）	
需要安排的会议和谈话	
需要做的决定	
培训与指导工作	

续表

计划要素	本周计划事项
必须处理的事务	
阻碍目标实现的潜在问题	

每日计划表

计划要素	今日计划事项
目标（大满贯全垒打）	
今天可以执行的 两到三项具有影响意义的工作	
团队的工作重心； 是否需要做出调整？	
需要消除的障碍	
需要召开的会议和工作准备	
阻碍目标实现的潜在问题	

第十七节 能量小时十一
——结果导向反应

学前思考

在能量小时课程开始前,结合当下热点,查找一些简短有趣的材料与管理者分享,作为上课前的热身学习(建议摘选一些具有激发性或争议性的文章)。热身学习的目的在于激发管理者的表达欲,并使其对本次授课的主题有一个充分的了解。

学习目标

在课程结束并完成作业后,应建议管理者完成以下事项:
1. 讨论结果导向反应的重要性。
2. 利用结果导向反应(ROR)检查表分析当前的工作情况。
3. 使用 ROR 检查表调整管理者对结果的反应以获得更好的工作成果。

培训师的目标

培训师需要完成一小时的培训课程。学员在课上对管理工作进行探讨时,培训师需要发挥催化剂的作用。

· 第二章 能量小时

课程安排

十分钟： 简要讨论学前思考材料,如果布置过作业,请一并讨论(参见第四节)。分发讲义。

十五分钟： 概念模式或主题介绍。

十分钟： 利用激发性与共鸣性问题,对概念进行初步讨论。

十五分钟： 练习或应用。

十分钟： 最后的讨论以及布置作业。

激发性与共鸣性问题

1. 以结果为导向意味着什么?

2. 列一份长期的待办工作表就是以结果为导向吗?

3. 针对这种情况所采用的方法如何起到帮助或阻碍作用?

4. 有时你是否会对一项令人灰心的工作或任务感到举步维艰,甚至有放弃的想法?

概念模式

有时即使是努力工作的管理者,也需要调整他们的工作方法以获得最佳结果。

你是否遇到过棘手的项目或任务?结果导向反应是可以对你的工作产生直接影响的促成因素。当你在某方面培养出应用 ROR 的能力时,同时还会学到一些新的技能,这些新技能会帮助你更有效地处理其他事务。例如，在设定目标过程中所形成的对话技巧，也会使你具有利用对话改进工作的能力。ROR本身并不是一项技术，但它会影响技术的使用方式。

请参阅本节末尾的ROR检查表。ROR列在表格的左侧，右侧为低结果反应（LRR）。左侧的反应会产生更好的结果。对结果不满意的管理者，可以通过这个表格来了解如何改进他们的反应。

练习

要求管理者选择一个他们所面临的棘手的项目，或者没有达到预期结果的任务。给他们十分钟的时间阅读ROR检查表，并让他们确定自己的反应属于哪一种。然后向他们询问一些关于练习的例子或想法。

作业

每天早上或者当你遇到挫折或难题时，仔细浏览ROR检查表，并相应地调整你的反应。

讲义：能量小时十一——结果导向反应

结果导向反应检查表

表格左侧为结果导向反应，右侧为低结果反应。左侧的反应会产生更好的结果。对结果不满意的管理者，可以通过这个表格来了解如何改进他们的反应。

ROR	LRR
主人翁：对结果承担责任。主动让事情变得更好。想方设法达成理想目标。全身心投入工作中	打工者：只做必要的事情。等待他人采取行动。希望别人总揽全局。避免令人不愉快的事情发生。服从性地工作。没有全身心投入工作中
主动：主动完成任务。不容易被挫折吓倒，积极主动地工作。当问题出现时，立即确认并实施相应的解决方案	被动：被告知任务后才采取行动。只在必要时才行动。做事的立场和风格处于被动状态。遇到障碍和挫折就会停滞不前
开拓创新：能够想出更新、更好的替代方案并实践。发散思维，一切皆有可能。不会因为困难阻碍而望而却步	墨守成规：坚持一贯做事的方式，保持现状。喜欢按习惯行事，不会离开舒适区。不会想出新的解决方案
遵守承诺：履行承诺，信守诺言，一言九鼎	言而无信：不遵守承诺或诺言。让待办事项累积，逾期不处理。不遵守书面、口头或默示的承诺

ROR	LRR
自愿态度：通过让员工体会、理解并掌握自己的目标而影响他们。以员工自己主动接受的方式，说明工作策略和计划，只有这样，他们才会积极地投入工作计划和目标的实现中	命令态度：以一种类似于指出方向或提出建议的方式传达目标和计划。通过让员工感觉自己需要接受和遵守别人的想法或意见从而影响他们。这种方法很少会产生敬业和积极的工作态度
期待服务他人：将自己定位于为他人服务的角色。促进合作、履行承诺、提高能力。管理思维表现为：今天我能做些什么来帮助别人表现得出色？	期待被他人服务：将自己看作被服务的对象。这种思维限制了对他人产生影响的能力。管理思维表现为：你今天为我做了什么？
虚心受教：接受并使用来自他人的反馈、信息、批评和想法，并且细心观察。收到反馈后不会为自己掩饰或辩解。注意到他人的可取之处	拒绝批评：阻止环境产生重要的变化，设置障碍。只看重正确、表现优秀和管理好的一面
高质量对话：沟通的目的是对工作产生影响或推动工作向前发展。针对目前需要处理的问题，进行积极的对话与讨论	无目的对话：对话不会起到向前推动工作的作用。抱怨并讨论对实现预期结果没有帮助的谣言、八卦、怨言和意见

第十八节 能量小时十二
——会议的召开

学前思考

在能量小时课程开始前，结合当下热点，查找一些简短有趣的材料与管理者分享，作为上课前的热身学习（建议摘选一些具有激发性或争议性的文章）。热身学习的目的在于激发管理者的表达欲，并使其对本次授课的主题有一个充分的了解。

学习目标

在课程结束并完成作业后，应建议管理者完成以下事项：

1. 讨论会议的高成本性。
2. 分别说明会议应当召开与无须召开的原因。
3. 使用会议计划表对下一次的会议进行规划。

培训师的目标

培训师需要完成一小时的培训课程。学员在课上对管理工作进行探讨时，培训师需要发挥催化剂的作用。

课程安排

十分钟： 简要讨论学前思考材料,如果布置过作业,请一并讨论（参见第四节）。分发讲义。

十五分钟： 概念模式或主题介绍。

十分钟： 利用激发性与共鸣性问题,对概念进行初步讨论。

十五分钟： 练习或应用。

十分钟： 最后的讨论以及布置作业。

激发性与共鸣性问题

1. 你认为会议占工作内容的比重为多少合适？为什么？
2. 为什么需要参加这么多的会议？
3. 有哪些方法可以替代会议,或提高会议质量？
4. 召开会议的领导通过什么方式才能带动对话气氛？

概念模式

我们的会议成本很高！计算一下,如果团队有十人,每人的平均工资为每年六万美元,每周召开一次会议,每次持续两小时,那么每年的会议成本约四万美元。然而,每年被浪费掉的二十多个小时的机会成本,本可以用来在其他事情上创造价值。如果工作会议效率低,那么此次会议所浪费的时间价值,就等同于一个人在半周内所能完成的工作。如果每个人每周花费四个小时参加

· 第二章 能量小时

无效的会议（实际情况可能比这多），那么对于一个二十人的团队而言，他们已经失去了相当于两个全职员工每周的工作机会成本。

召开会议即是对话。对话是完成工作的流通货币。若对话是有益的，具有激发性和针对性，那么会议也将会更加有效。因此，在召开会议之前，需确保这是一次有效的商务讨论。

良好的商务对话有七个要素：

·相关性：讨论的主题是人们关心的对工作有帮助的问题。

·询问性：提出的问题能推动这一主题的发展，并且这些问题具有激发性和共鸣性。

·自由性：参与者可以畅所欲言，分享他们的想法和见解，甚至也可以讨论一些非大众化的观点，使对话变为开放式。

·联系性：人们之间存在共同的目标或相似的兴趣，并感到彼此相连。

·接收性：参与者主动倾听、积极探讨、提供反馈并努力参与。

·自主性：参与者觉得他们可以对正在讨论的话题起到一定的作用。理想情况下，参与的每个人都有机会提出自己的意见，并且推动对话的发展方向。

·趣味性：对话很有趣，充满活力，带动气氛，活泼轻松。

会议已成为现代商务工作的主要内容，但是目前我们的会议召开过多，结果导致工作日程被会议排满，没有充足的时间进行其他工作。为了确保充分利用你和团队成员的时间，会议应仅在需要时召开。

会议应该满足以下条件：

·关于重要业务项目、计划或问题，能够获取反馈意见以及想法。

·在需要达成共识或协定时，能够获得建议并做出最终决定。

·当私下商议无法解决的问题，需要集体意见时，能够主动积极地针对项目状态进行沟通。

以下情况没有必要召开会议：

·仅通知新的工作情况，并且通过其他的通信方法（例如电子邮件、协作项目计划书、电话、非正式讨论、私下商讨）也可以传达信息。

·没有寻求意见或建立对话的想法。

·只作为惯用或默认的沟通方式。会议召开频繁，占据人们大部分的时间。

为了使会议具有开放性，有时我们需邀请更多的人参加会议——虽然每次会议都由整个团队出席的场面看起来很合理，但这种做法欠妥。邀请他们参加会议的目的，不仅仅是需要对方了解事情的发展状况——关于这一点我们可以通过其他方法告知，例如邮件抄送或 FYI[1]——我们需要尊重彼此的时间。

邀请人们参加会议时，要确保与会人员知道他们被邀请的原

---

[1] For Your Information 的缩写，英语解释为：提供给你的信息，供你参考。常用于工作的电子邮件中。

因以及他们需要提供哪些具体信息。同样，管理者应认真看待自己作为会议参与者的角色。如果你每天要花几个小时参加会议，请确保会议具有针对性和有效性。

以下是对参会人员（包括会议召集人）的一些要求。

> ## 对参会人员的要求
>
> √ 会前准备。梳理你的想法，准备会议议程以及会议材料。如果需要，请会议负责人说明会议召开的目的。
>
> √ 准时召开！
>
> √ 参加讨论。但是不能过度参与，并且掌握对话的主动权。
>
> √ 会议须围绕话题进行讨论，注意不能跑题。帮助会议领导者完成其目标。
>
> √ 跟进分配给你的工作任务。

会议的目的是进行有效的商务对话，以实现你所期望的结果。如果你是会议负责人，那么你有责任确保会议花费的时间和资源得到有效的利用。如果你是参与者，那么你的责任是积极参与，针对会议重点进行讨论，提出意见并完成会议目标。

练习

要求管理者使用会议计划表来计划即将召开的会议。给他们十分钟的时间，然后询问反馈意见或回答问题。

作业

不安排或不参加无意义的会议。在下次会议开始之前,使用会议计划表,从而提高会议的业务对话质量。

讲义:能量小时十二——会议的召开

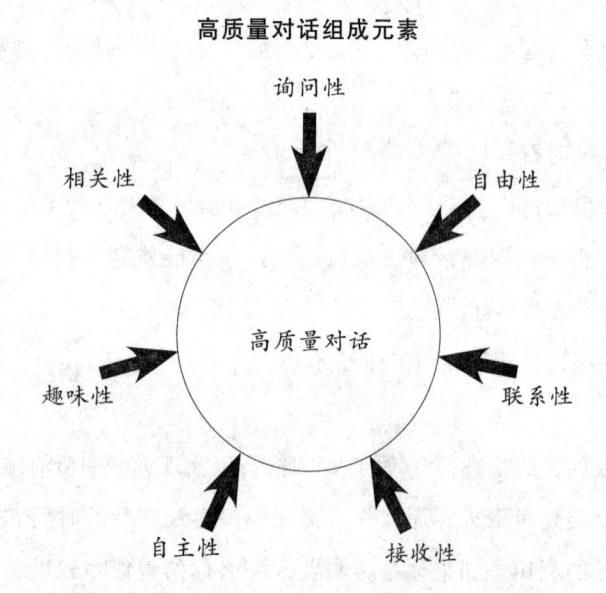

高质量对话组成元素

询问性
相关性
自由性
趣味性
联系性
高质量对话
自主性
接收性

会议应该满足以下条件:

- 关于重要业务项目、计划或问题,能够获取反馈意见以及想法。
- 在需要达成共识或协定时,能够获得建议并做出最终决定。

第二章 能量小时

·当私下商议无法解决的问题,需要集体意见时,能够主动积极地针对项目状态进行沟通。

以下情况没有必要召开会议:

·仅通知新的工作情况,并且通过其他的通信方法(例如电子邮件、协作项目计划书、电话、非正式讨论、私下商讨)也可以传达信息。

·没有寻求意见或建立对话的想法。

·只作为惯用或默认的沟通方式。会议召开频繁,占据人们大部分的时间。

会议计划表

会议主题:

注意事项:请确保会议是否针对一项任务、一个问题、一件事情或它们其中的一部分进行讨论并提供解决思路。你能在有限的时间内,围绕这一主题建立出色的对话吗?

主持人:是否需要会议主持人?如果需要,请在会议之前与主持人一起安排会议事项并检查此工作表。

会议目标:在本次会议结束时你想要取得什么结果?

1. _____

2. _____

会议问题：列出五个具有激发性和共鸣性的问题，促进人们参与和集中讨论。

1. _____
2. _____
3. _____
4. _____
5. _____

会议参与者：对此次会议起到最大作用的人。

1. _____   6. _____
2. _____   7. _____
3. _____   8. _____
4. _____   9. _____
5. _____   10. _____

会议邀请：向会议参与者发送邀请并通知会议主题、目标，以及你在上面详述的五个问题。如果可能，请在会议前至少四十八小时做好这些准备工作。

会议准备：确保自己已经布置完会议室，并告知与会人员相关的会议主题、目标和问题。如果管理者需要参与讨论，须请一名培训师或同事帮助，以推进会议进程。

会议期间：在开会过程中，须确保对话没有偏题或跑题。如有必要，提醒参与者会议的目标和需要取得的会议结果。对人们的"过度参与行为"进行适当的管理,并确保每个人知晓管理的具体内容。鼓励人们提出反对和批评意见。人们没有提到的问题,应给予指出。认真做笔录。如果会议时间超过九十分钟,则提供食物和饮料。

会议结束后:感谢参与者提出的意见,并根据他们提供的信息采取相应的行动。如果有任何变化或新的进展,须通知大家,以确保人们了解事项的最新状态(通过私下谈话、电子邮件、内部博客或其他通信方法)。

会议完成。

第十九节 能量小时十三
——管理时间

学前思考

在能量小时课程开始前,结合当下热点,查找一些简短有趣的材料与管理者分享,作为上课前的热身学习(建议摘选一些具有激发性或争议性的文章)。热身学习的目的在于激发管理者的表达欲,并使其对本次授课的主题有一个充分的了解。

学习目标

在课程结束并完成作业后,应建议管理者完成以下事项:
1. 讨论在多任务处理中常见的问题。
2. 学习有关分项任务处理的技巧。
3. 连续两周在工作中使用分项处理事务的方法。

培训师的目标

培训师需要完成一小时的培训课程。学员在课上对管理工作进行探讨时,培训师需要发挥催化剂的作用。

· 第二章 能量小时

课程安排

十分钟： 简要讨论学前思考材料，如果布置过作业，请一并讨论（参见第四节）。分发讲义。

十五分钟： 概念模式或主题介绍。

十分钟： 利用激发性与共鸣性问题，对概念进行初步讨论。

十五分钟： 练习或应用。

十分钟： 最后的讨论以及布置作业。

激发性与共鸣性问题

1. 多任务同时处理的工作方式是好还是坏？

2. 你期望使用这种工作方式吗？

3. 在工作中，你的工作效率是否因为不断被打扰而受到了影响？主要原因是什么？

4. 你认为通过什么方式可以控制或减少工作时受到的打扰？

概念模式

大多数公司的工作节奏都是紧张忙碌的，有时甚至需要管理者同时兼顾多项工作或任务，因此多任务处理已成为他们的常态。但是，这种工作方式并不是紧急事务的解决方案；相反，它会使人们难以集中精力工作，从而导致工作效率的降低。工作中，管理者希望用更少的时间和资源做更多的事情，不过当他们同时处理多项工作任务时,通常会收效甚微。一旦他们的注意力从一件事情转移到另一件事情上时,就会在被打断时浪费时间。而且还会浪费更多的时间来把自己调整到最佳工作状态。如果管理者每小时被打断几次,那么他们每天会浪费数个小时。因此,要想在工作中发挥最佳状态,就需要让他们专注于某一件事。

同时处理多项任务是当今繁忙职场中的一种普遍现象。因为你没法在一天之内解决所有这些事,所以,繁多的任务不但会浪费时间,还会消耗精力,分散员工注意力。这一问题的解决方法就是——分项处理。通过分项处理帮助管理者和员工将精力用在一件事上,从而提高工作效率。分项处理意味着你需要将整体时间进行分割,并将分割后的每个单位时间用于处理一件事情。这种方法可以帮助管理者保持对工作的专注度,并做出迅速积极的反应。

做每周的任务前应该分项计划,这样才能集中精力处理这些事务。为了取得更好的工作成果,应提前规划时间和制订方法,以确保这些宝贵的时间不会因为中途受到干扰或转移注意力而浪费。为了让团队成员和同事知道你需要集中注意力,要将手机关机,停用电子邮件,只用办公室电话。在专注处理事务的过程中,你需要将所有的精力都集中于一项任务、计划或项目上。分项处理事务的方法不但可以使人们在一天内完成多项工作任务,还可以让人们更加专注、更有效率。

你认为在一天内,不受外界打扰,专心工作两到四小时很难吗?想象一下,你正在开会,无法接听电话、查看电子邮件,或者

· 第二章 能量小时

此时不应该做与开会无关的事时,但又有急需处理的事情怎么办?

与你的员工进行沟通,确保他们知道你正在分项专注处理事务中。鼓励他们也这样做,并帮助他们重新计划工作表,以实现工作的分项处理。将这种做事方式变成一项常规做法后,你将发现人们会逐渐习惯这个做法,也会知道何时应该沟通交流,何时应该专注做事。

练习

制订下周的工作计划,并确定哪些项目或任务对你是最重要的。确定两到三项可以集中精力处理的分项事务。写下这些工作内容,并像安排会议一样安排工作,或者回到办公室后立即开始计划。给学员五分钟时间进行选择,然后就如何实施,即通过什么方法确保他们在处理专项事务时不受打扰,进行讨论。

作业

在接下来的两周内尝试使用分项处理事务的方法。每天至少运用一次。

讲义:能量小时十三——管理时间

大多数公司的工作节奏都是紧张忙碌的,有时甚至需要管理者同时兼顾多项工作或任务,因此多任务处理已成为他们的常态。

但是，这种工作方式并不是紧急事务的解决方案；相反，它会使人们难以集中精力工作，从而导致工作效率的降低。工作中，管理者希望用更少的时间资源做更多的事情，不过当他们同时处理多项工作任务时，通常会收效甚微。一旦他们的注意力从一件事情转移到另一件事情上时，就会在被打断时浪费时间。而且还会浪费更多的时间来把自己调整到最佳工作状态。如果管理者每小时被打断几次，那么他们每天会浪费数个小时。因此，要想在工作中发挥最佳状态，就需要让他们专注于某一件事。

同时处理多项任务是当今繁忙职场中的一种普遍现象。因为你没法在一天之内解决所有这些事，所以，繁多的任务不但会浪费时间，还会消耗精力，分散员工注意力。这一问题的解决方法就是——分项处理。通过分项处理帮助管理者和员工将精力用在一件事上，从而提高工作效率。分项处理意味着你需要将整体时间进行分割，并将分割后的每个单位时间用于处理一件事情。这种方法可以帮助管理者保持对工作的专注度，并做出迅速积极的反应。

做每周的任务前应该分项计划，这样才能集中精力处理这些事务。为了取得更好的工作成果，应提前规划时间和制订方法，以确保这些宝贵的时间不会因为中途受到干扰或转移注意力而浪费。为了让团队成员和同事知道你需要集中注意力，要将手机关机，停用电子邮件，只用办公室电话。在专注处理事务的过程中，你需要将所有的精力都集中于一项任务、计划或项目上。分项处理事务的方法不但可以使人们在一天内完成多项工作任务，还可

第二章 能量小时

以让人们更加专注、更有效率。

你认为在一天内,不受外界打扰,专心工作两到四小时很难吗?想象一下,你正在开会,无法接听电话、查看电子邮件,或者此时不应该做与开会无关的事时,但又有急需处理的事情怎么办?

与你的员工进行沟通,确保他们知道你正在分项专注处理事务中。鼓励他们也这样做,并帮助他们重新计划工作表,以实现工作的分项处理。将这种做事方式变成一项常规做法后,你将发现人们会逐渐习惯这个做法,也会知道何时应该沟通交流,何时应该专注做事。

事务分项处理计划表

工作日	清晨	上午	午后	下午
星期一	8:00—9:00		1:00—2:00	
星期二	8:00—9:00		1:00—2:00	2:00—4:00
星期三	8:00—9:00		1:00—2:00	
星期四	8:00—9:00		1:00—2:00	
星期五	8:00—9:00		1:00—2:00	2:00—4:00

第二十节 能量小时十四
——内部客户服务质量

学前思考

在能量小时课程开始前,结合当下热点,查找一些简短有趣的材料与管理者分享,作为上课前的热身学习(建议摘选一些具有激发性或争议性的文章)。热身学习的目的在于激发管理者的表达欲,并使其对本次授课的主题有一个充分的了解。

学习目标

在课程结束并完成作业后,应建议管理者完成以下事项:

1. 讨论服务内部客户的重要性。
2. 确定优质服务的关键性指标。
3. 与团队成员和内部客户召开会议,讨论内部服务质量。

培训师的目标

培训师需要完成一小时的培训课程。学员在课上对管理工作进行探讨时,培训师需要发挥催化剂的作用。

· 第二章 能量小时

课程安排

十分钟： 简要讨论学前思考材料,如果布置过作业,请一并讨论(参见第四节)。分发讲义。

十五分钟： 概念模式或主题介绍。

十分钟： 利用激发性与共鸣性问题,对概念进行初步讨论。

十五分钟： 练习或应用。

十分钟： 最后的讨论以及布置作业。

激发性与共鸣性问题

1. 你知道优质服务的标准吗？

2. 如果你的年度奖金或加薪幅度根据内部客户对你的评级而定,那么你的表现如何？

3. 你是从供应商或外部客户的角度,还是从内部客户的角度对成功进行定义？

概念模式

作为管理者,你需要满足内部客户的需求。有时,当我们设定目标或确定当务之急的一些指标时,经常会对内部客户的需求和愿望考虑不充分。一般而言,对内部服务质量设定标准是非常重要的。假如管理者及自己的部门也属于内部服务对象,那么你们认为自己得到良好的服务了吗？

关于召开会议、解决问题、改进流程、沟通协作、给人们减轻困扰等方面的优质服务的标准是如何设定的？

你可以从以下几个方面进行考虑：

√你的客户关系事实上就是你与同事之间的内部关系。

√你的内部关系需要通过交流和沟通以建立和加强。

√交流和沟通需要建立在对话的基础上，例如亲自交谈、打电话、发邮件或召开会议。

√你的对话技巧或质量反过来又会决定你和服务对象的关系。

优秀的服务应从组织内部开始落实。优秀的服务有时也会反映出你在处理人际关系方面的能力。通常情况下，我们很难深入了解内部服务的优点和缺点。因此，如果要定义优秀的内部服务标准，请参见以下事项：

· 思考你自己作为内部服务对象的期待和希望。

· 思考内部客户对你提出的一些意见和要求。

· 管理者与员工，互为管理者和供应商。管理者（供应商）为其员工（管理者）提供服务；反过来，员工（供应商）也为其管理者（管理者）提供服务。那么在为员工提供服务方面，你的表现如何？

· 从服务和支持的有效性方面定义优质服务的标准。

· 思考如果你是接受类似服务的客户，你的期待和希望是什么。

· 了解公司的使命和目标，以及内部服务如何帮助实现这些目标。

如果你与团队和内部客户一起探讨这些主题，那么会对目标和事务的轻重缓急做出哪些调整？如何调整工作以更好地满足内部客户的期望？

练习

将学员分成小组后进行讨论，并列出通过哪些方法可以更好地定义优秀的内部服务标准。管理者可以并应该做些什么，以确保自己的团队能满足内部客户的期望？给参与培训的管理者们留出十分钟的时间，然后进行提问。

作业

在下一次的会议上，以服务内部客户的优秀标准为话题进行讨论。邀请重要的内部客户参与对话，并根据需要调整你的工作方法和流程。

讲义：能量小时十四——内部客户服务质量

作为管理者，你需要满足内部客户的需求。有时，当我们设定目标或确定当务之急的一些指标时，经常会对内部客户的需求和愿望考虑不充分。一般而言，对内部服务质量设定标准是非常重要的。假如管理者及自己的部门也属于内部服务对象，那么你们认为自己得到良好的服务了吗？

关于召开会议、解决问题、改进流程、沟通协作、给人们减轻困扰等方面的优质服务的标准是如何设定的？

你可以从以下几个方面进行考虑：

√你的客户关系事实上就是你与同事之间的内部关系。

√你的内部关系需要通过交流和沟通以建立和加强。

√交流和沟通需要建立在对话的基础上，例如亲自交谈、打电话、发邮件或召开会议。

√你的对话技巧或质量反过来又会决定你和服务对象的关系。

优秀的服务应从组织内部开始落实。优秀的服务有时也会反映出你在处理人际关系方面的能力。通常情况下，我们很难深入了解内部服务的优点和缺点。因此，如果要定义优秀的内部服务标准，请参见以下事项：

· 思考你自己作为内部服务对象的期待和希望。

· 思考内部客户对你提出的一些意见和要求。

· 管理者与员工，互为管理者和供应商。管理者（供应商）为其员工（管理者）提供服务；反过来，员工（供应商）也为其管理者（管理者）提供服务。那么在为员工提供服务方面，你的表现如何？

· 从服务和支持的有效性方面定义优质服务的标准。

· 思考如果你是接受类似服务的客户，你的期待和希望是什么。

・了解公司的使命和目标,以及内部服务如何帮助实现这些目标。

如果你与团队和内部客户一起探讨这些主题,那么会对目标和事务的轻重缓急做出哪些调整?如何调整工作以更好地满足内部客户的期望?

第二十一节 能量小时十五
——领导力传承

学前思考

在能量小时课程开始前,结合当下热点,查找一些简短有趣的材料与管理者分享,作为上课前的热身学习(建议摘选一些具有激发性或争议性的文章)。热身学习的目的在于激发管理者的表达欲,并使其对本次授课的主题有一个充分的了解。

学习目标

在课程结束并完成作业后,应建议管理者完成以下事项:
1. 讨论领导力传承的重要性。
2. 请管理者说明他们在工作中期望传承的内容。
3. 让管理者讨论并说明自己想因何事为人所知,以及期望后人如何对其评价。

培训师的目标

培训师需要完成一小时的培训课程。学员在课上对管理工作进行探讨时,培训师需要发挥催化剂的作用。

· 第二章 能量小时

课程安排

十分钟： 简要讨论学前思考材料，如果布置过作业，请一并讨论（参见第四节）。分发讲义。

十五分钟： 概念模式或主题介绍。

十分钟： 利用激发性与共鸣性问题，对概念进行初步讨论。

十五分钟： 练习或应用。

十分钟： 最后的讨论以及布置作业。

激发性与共鸣性问题

1. 如果你今天被汽车撞伤，或者决定搬到国外居住，你走后期望给大家留下什么印象？

2. 当你决定要离开时，你希望给大家留下的最好印象是什么？

3. 回忆你曾经遇见的最好的和最差的老板。你认为他们了解自己领导力的传承吗？

4. 如果你通过努力将工作做得非常好，那么你在乎人们是否将你铭记于心吗？

概念模式

作为管理者，你想给大家留下什么宝贵经验呢？工作中是否有让你引以为傲的特殊项目呢？你想建立一个出色的团队吗？你是否想在公司的创新道路上大展宏图呢？你是否希望在财务业绩方面再创新高？想象一下，你是电梯里的一个小飞虫，在你离职一周后，电梯里的两个人在谈论你，你最想从他们口中听到什么？所有管理者都应该考虑，他们能给公司留下什么财富或有价值的事物。这么做将影响你今天和未来的行动计划和工作成果。

除了思考如何取得广泛和宏伟的成就之外，你还要考虑：自己想给大家树立一个什么榜样。你想成为主持会议的大咖，还是具有激发性分析能力的干将？你是否总因为工作的井然有序、工作前充分的准备、工作中的创新精神和有趣的灵魂，而被大家赞赏有加？思考你希望给大家留下的最深刻的印象是什么，或者想一想自己在哪方面建立了名望和声誉。

我们每天做的事情，都会在领导力传承清单上留下印迹。所以，不管你是准备退休还是打算继续工作，你今天的行动和言辞都将对你的公司或组织产生影响。从自己的角度出发，明确自己所需要传承的事物，为公司做出卓越贡献，这不单单是为了取悦他人，更是为了体现自己的价值。

练习

列出哪几个方面或什么品质是你想让大家继承并发扬光大的。对此方面的表现，如实给自己按 1 到 10 评分，例如 8 分表示"在此方面今天还在努力强化"。给管理者五分钟的时间，然后让他们说出列出的内容和自我评分的结果。

· 第二章 能量小时

作业

作为管理者,请确定你期望大家继承的某些工作品质,与你的上级和团队进行沟通。

讲义:能量小时十五——领导力传承

作为管理者,你想给大家留下什么宝贵经验呢?工作中是否有让你引以为傲的特殊项目呢?你想建立一个出色的团队吗?你是否想在公司的创新道路上大展宏图呢?你是否希望在财务业绩方面再创新高?想象一下,你是电梯里的一个小飞虫,在你离职一周后,电梯里的两个人在谈论你,你最想从他们口中听到什么?所有管理者都应该考虑,他们能给公司留下什么财富或有价值的事物。这么做将影响你今天和未来的行动计划和工作成果。

除了思考如何取得广泛和宏伟的成就之外,你还要考虑:自己想给大家树立一个什么榜样。你想成为主持会议的大咖,还是具有激发性分析能力的干将?你是否总因为工作的井然有序、工作前充分的准备、工作中的创新精神和有趣的灵魂,而被大家赞赏有加?思考你希望给大家留下的最深刻的印象是什么,或者想一想自己在哪方面建立了名望和声誉。

我们每天做的事情,都会在领导力传承清单上留下印迹。所以,不管你是准备退休还是打算继续工作,你今天的行动和言辞都将对你的公司或组织产生影响。从自己的角度出发,明确自己所需要传承的事物，为公司做出卓越贡献，这不单单是为了取悦他人，更是为了体现自己的价值。

管理方面	传承事项
工作成果和贡献	
团队健康与发展	
同事合作和协作	
创造力和创新	
过程和实践	
职场文化	
系统和结构	
变化和敏捷	

第二十二节 能量小时十六
——学会何时和如何拒绝

学前思考

在能量小时课程开始前,结合当下热点,查找一些简短有趣的材料与管理者分享,作为上课前的热身学习(建议摘选一些具有激发性或争议性的文章)。热身学习的目的在于激发管理者的表达欲,并使其对本次授课的主题有一个充分的了解。

学习目标

在课程结束并完成作业后,应建议管理者完成以下事项:
1. 讨论说"不"的重要性。
2. 列出两项能说"不"的工作。
3. 在培训后的一周内,确定处理好上述两项工作。

培训师的目标

培训师需要完成一小时的培训课程。学员在课上对管理工作进行探讨时,培训师需要发挥催化剂的作用。

课程安排

十分钟： 简要讨论学前思考材料,如果布置过作业,请一并讨论（参见第四节）。分发讲义。

十五分钟： 概念模式或主题介绍。

十分钟： 利用激发性与共鸣性问题,对概念进行初步讨论。

十五分钟： 练习或应用。

十分钟： 最后的讨论以及布置作业。

激发性与共鸣性问题

1. 你经常顺从地说"是"，还是拒绝地回答"不"？哪一个回答较为常用？为什么？

2. 你的企业文化强调哪一方面，"是"或"不"？

3. 如何采用更好的方式说"不"？

4. 管理者应该担心说"不"吗？

5. 如果不考虑畏惧心理或文化背景,管理者有权利说"不"吗？

概念模式

管理者除了需要对错误说"不"以外,有时对许多正确的事情也要懂得拒绝。说"不"可以提高自己对工作的专注度。当你第一次说"不"时,对方的第一反应可能是困惑的。但只要坚持下去,一旦人们发现你这么做可能是为了提高注意力后,他们就

· 第二章 能量小时

会理解你说"不"的原因，甚至可能会效仿。（这不是很好吗？）遇到以下七种情况，你可以尝试说"不"，以提高工作的专注度：

1. 当你认为没有必要参加会议时。与会议负责人沟通，并向其表明你现在的首要任务（无论当时手头有什么工作，都要告知他们）。并强调如果有什么问题，你很乐意随时待命，并提供相应意见。

2. 当你认为会议无效时。实事求是，不参加没有意义的会议。与小组成员分享你的意见，说明每个人都很忙，这次会议不值得大家抽出宝贵的时间。要求改变会议议程，减少会议次数或完全取消会议。除了参加会议之外，还有很多方法可以让人们了解事情发展的最新动态。如果你的领导是会议负责人，那么请在会议前进行私下交流与沟通（可能你的领导在这方面也有同感）。

3. 当某人提议做某项工作或项目，你认为所需要投入的资源不值得时。要求个人或团队重新考虑这项工作，询问相对于其他所有事情，这项任务是否会对公司目标的实现有着重大作用。如果他们认为此项工作是当务之急，那么需要询问，应该从当务之急列表中删除哪项以进行替换。

4. 你的上级需要你们每周提交一份详细的工作计划，你认为这是在浪费时间。向你的上级询问，提交工作计划将满足领导的哪些需求。明确表示你的顾虑，大家没有将时间花在完善书面细节上，而是用在了实际工作中，并询问是否有其他方法可以满足这种需求。通常情况下，你和上级可以采取折中的办法。

173

5. 当你被要求阅读最近的一篇贸易杂志文章，并探究其中所阐明的观点或想法时。请向提议者解释，虽然这么做很有趣，但是自己并不希望本周的工作重点偏离或者工作注意力分散。你可以建议，让实习生在有时间的情况下对这些贸易杂志文章进行一些研究，但并不用说明具体的时间。通常情况下，提议者听到你的建议后会放弃这个想法。

6. 你被要求做某事，却觉得自己不是合适的人选时。角色定位模糊、委派人员不合适、权力赋予不恰当都会导致工作效率变差。与委派人进行沟通时，建议委派人在团队中挑出适合这项工作的最佳人选。

7. 专注某一项工作时，被要求同时处理多项工作任务。专注一项工作时，所投入的时间是宝贵的！虽然有时可能会出现紧急情况，但你可以友好地拒绝，并问对方是否可以稍后闲聊，并让他们知道你什么时候空闲，以让自己不被打扰（特别是闲聊，这是最常见的工作打扰）。

要小心以下这些无用的说"不"的方式，因为它们会使你看起来没有实力、不自信。

√ "我不想接受新的工作任务。"这不是一个具有说服力的回答，因为一旦接到命令，你就会将其列入当务之急的列表中。所以，当你表达的意思是"这项任务并不重要"时，请不要用此句搪塞。

√ "我的工作日程已经排满了。"此回答也没有说服力，因

· 第二章 能量小时

为它更能说明你欠缺安排事务的能力，而不是表达拒绝某项活动或工作任务的意思。这么做会让他人误以为，如果此项任务很重要，你就可以腾出时间了。

√ "我现在无法这样做，但我以后可以。"如果想利用这句话避免与对方正面交锋，那它也不是一个强有力的借口。如果该任务无法有效地利用时间，请不要告诉对方以后会有机会。如果认为此项工作并非浪费时间，值得利用资源，那么就积极参加，但要弄清何时可以结束这项工作。

每个管理者都有说"不"的权利。对于你和团队不想开展的任务和项目，你解释或阐明得越清楚，你们对工作的专注度或取得的成果就会越好。

练习

要求管理者在他们的待办事项清单或工作计划中挑出自己认为目前应该说"不"的两项，并确定关于此事应该与谁进行商量或讨论。给学员五分钟时间，然后进行提问。

作业

在接下来一周的工作中，至少确定两项可以说"不"的工作事项。在一周内至少说两次"不"，并向懂得拒绝的团队成员或同事予以称赞。

讲义：能量小时十六——学会何时和如何拒绝

管理者除了需要对错误说"不"以外，有时对许多正确的事情也要懂得拒绝。说"不"可以提高自己对工作的专注度。当你第一次说"不"时，对方的第一反应可能是困惑的。但只要坚持下去，一旦人们发现你这么做可能是为了提高注意力后，他们就会理解你说"不"的原因，甚至可能会效仿。（这不是很好吗？）遇到以下七种情况，你可以尝试说"不"，以提高工作的专注度：

1. 当你认为没有必要参加会议时。与会议负责人沟通，并向其表明你现在的首要任务（无论当时手头有什么工作，都要告知他们）。并强调如果有什么问题，你很乐意随时待命，并提供相应意见。

2. 当你认为会议无效时。实事求是，不参加没有意义的会议。与小组成员分享你的意见，说明每个人都很忙，这次会议不值得大家抽出宝贵的时间。要求改变会议议程，减少会议次数或完全取消会议。除了参加会议之外，还有很多方法可以让人们了解事情发展的最新动态。如果你的领导是会议负责人，那么请在会议前进行私下交流与沟通（可能你的领导在这方面也有同感）。

3. 当某人提议做某项工作或项目，你认为所需要投入的资源不值得时。要求个人或团队重新考虑这项工作，询问相对于其他所有事情，这项任务是否会对公司目标的实现有着重大作用。如果他们认为此项工作是当务之急，那么需要询问，应该从当务之急列表中删除哪项以进行替换。

4. 你的上级需要你们每周提交一份详细的工作计划，你认为这是在浪费时间。向你的上级询问，提交工作计划将满足领导的哪些需求。明确表示你的顾虑，大家没有将时间花在完善书面细节上，而是用在了实际工作中，并询问是否有其他方法可以满足这种需求。通常情况下，你和上级可以采取折中的办法。

5. 当你被要求阅读最近的一篇贸易杂志文章，并探究其中所阐明的观点或想法时。请向提议者解释，虽然这么做很有趣，但是自己并不希望本周的工作重点偏离或者工作注意力分散。你可以建议，让实习生在有时间的情况下对这些贸易杂志文章进行一些研究，但并不用说明具体的时间。通常情况下，提议者听到你的建议后会放弃这个想法。

6. 你被要求做某事，却觉得自己不是合适的人选时。角色定位模糊、委派人员不合适、权力赋予不恰当都会导致工作效率变差。与委派人进行沟通时，建议委派人在团队中挑出适合这项工作的最佳人选。

7. 专注某一项工作时，被要求同时处理多项工作任务。专注一项工作时，所投入的时间是宝贵的！虽然有时可能会出现紧急情况，但你可以友好地拒绝，并问对方是否可以稍后闲聊，并让他们知道你什么时候空闲，以让自己不被打扰（特别是闲聊，这是最常见的工作打扰）。

要小心以下这些无用的说"不"的方式，因为它们会使你看起来没有实力、不自信。

√ "我不想接受新的工作任务。"这不是一个具有说服力的回答,因为一旦接到命令,你就会将其列入当务之急的列表中。所以,当你表达的意思是"这项任务并不重要"时,请不要用此句搪塞。

√ "我的工作日程已经排满了。"此回答也没有说服力,因为它更能说明你欠缺安排事务的能力,而不是表达拒绝某项活动或工作任务的意思。这么做会让他人误以为,如果此项任务很重要,你就可以腾出时间了。

√ "我现在无法这样做,但我以后可以。"如果想利用这句话避免与对方正面交锋,那它也不是一个强有力的借口。如果该任务无法有效地利用时间,请不要告诉对方以后会有机会。如果认为此项工作并非浪费时间,值得利用资源,那么就积极参加,但要弄清何时可以结束这项工作。

每个管理者都有说"不"的权利。对于你和团队不想开展的任务和项目,你解释或阐明得越清楚,你们对工作的专注度或取得的成果就会越好。

第二十三节 能量小时十七
——根据目标调整部门

学前思考

在能量小时课程开始前,结合当下热点,查找一些简短有趣的材料与管理者分享,作为上课前的热身学习(建议摘选一些具有激发性或争议性的文章)。热身学习的目的在于激发管理者的表达欲,并使其对本次授课的主题有一个充分的了解。

学习目标

在课程结束并完成作业后,应建议管理者完成以下事项:

1. 讨论部门调整的重要性。

2. 针对部门的一个目标,做出初步的调整计划。

3. 与团队成员沟通,讨论调整计划以及如何更好地为成功做准备。

培训师的目标

培训师需要完成一小时的培训课程。学员在课上对管理工作进行探讨时,培训师需要发挥催化剂的作用。

课程安排

十分钟： 简要讨论学前思考材料，如果布置过作业，请一并讨论（参见第四节）。分发讲义。

十五分钟： 概念模式或主题介绍。

十分钟： 利用激发性与共鸣性问题，对概念进行初步讨论。

十五分钟： 练习或应用。

十分钟： 最后的讨论以及布置作业。

激发性与共鸣性问题

1. 你和团队成员是否为成功做好了准备？同时说明原因。
2. 如果很少做部门调整，会对工作结果产生什么影响？
3. 你认为应该多久进行一次部门调整？
4. 如果在部门内只做一次针对目标的工作调整，你希望从哪方面着手？

概念模式

工作效率高的部门，在工作时都有系统的规划。员工在工作过程中，角色定位准确，思路清晰，做事高效，不但能轻松地完成团队和公司的目标，还能在各个领域发挥各自的作用。他们清楚自己应该在哪些方面为公司做出贡献，也会被适当地赋予某些权力，并对产生的结果负责。

第二章 能量小时

正常有效的工作模式是：部门之间的沟通，会促进所有团队共同进步，增强团队处理紧急事务的能力。组织结构和个人角色的合理规划，会使团队成员能够快速发现并解决问题，最后取得的工作结果也更令人满意；相反，组织结构涣散，工作流程无序，会导致工作质量、生产量和结果出现许多问题。当某种结构或过程，与最初的宏伟目标偏离或不一致时，它对目标的达成就无法产生作用。偏离目标的情况可能由多种原因导致，比如企业中的某个环节发生了变化。有时仅因为缺乏有效的工作流程就会出现问题。有时则是由于员工的角色定位发生了变化，工作流程没有更改才出现问题。

另外，还有一个常见的原因是技术、流程和角色之间的冲突。对于团队成员来说，企业规划不协调就会令人感觉工作杂乱无章，工作效率低下。角色定位模糊、混乱和重叠也是技术、流程和角色之间不协调的表现。工作流程的设计和规划非常重要，应成为中层管理者关注的焦点。

许多管理者认为，非生产性员工应该对糟糕的工作结果负责。相较于解决人事问题，部门的流程和结构的调整对工作结果的改变更具有指导作用。

你的部门是否为成功做好了准备工作？

练习

要求参与培训的管理者写一个今年的部门主要目标。然后给每个人五分钟时间，让他们阅读讲义背面的调整事项表，并参照这一目标，快速确定他们的部门是否为此做好了准备工作。十分钟后，进行提问。

作业

每季度召开一次团队会议讨论，以调整工作事项。在会议讨论的过程中，管理者应向团队成员传达讲义和表格中需要调整的内容，并询问他们的意见，根据需要调整工作，以便更好地帮助团队成员达成目标。

讲义：能量小时十七——根据目标调整部门

工作效率高的部门，在工作时都有系统的规划。员工在工作过程中，角色定位准确，思路清晰，做事高效，不但能轻松地完成团队和公司的目标，还能在各个领域发挥各自的作用。他们清楚自己应该在哪些方面为公司做出贡献，也会被适当地赋予某些权力，并对产生的结果负责。

正常有效的工作模式是：部门之间的沟通，会促进所有团队共同进步，增强团队处理紧急事务的能力。组织结构和个人角色的合理规划，会使团队成员能够快速发现并解决问题，最后取得的工作结果也更令人满意；相反，组织结构涣散，工作流程无序，会导致工作质量、生产量和结果出现许多问题。当某种结构或过程，与最初的宏伟目标偏离或不一致时，它对目标的达成就无法产生作用。偏离目标的情况可能由多种原因导致，比如企业中的某个环节发生了变化。有时仅因为缺乏有效的工作流程就会出现问题。有时则是由于员工的角色定位发生了变化，工作流程没有更改才出现问题。

另外，还有一个常见的原因是技术、流程和角色之间的冲突。对于团队成员来说，企业规划不协调就会令人感觉工作杂乱无章，工作效率低下。角色定位模糊、混乱和重叠也是技术、流程和角色之间不协调的表现。工作流程的设计和规划非常重要，应成为中层管理者关注的焦点。

许多管理者认为，非生产性员工应该对糟糕的工作结果负责。相较于解决人事问题，部门的流程和结构的调整对工作结果的改变更具有指导作用。

你的部门是否为成功做好了准备工作？下面的表格可帮助你进行部门的调整。

调整事项表

企业体系	调整事项	非调整事项	原因
结构			
文化			

续表

企业体系	调整事项	非调整事项	原因
流程			
实践			
目标			
企业指标			
沟通和决策过程			
技术			
工作流程			
技能			
管理实践			
其他内容1			
其他内容2			

第二十四节 能量小时十八
——一对一会议

学前思考

在能量小时课程开始前，结合当下热点，查找一些简短有趣的材料与管理者分享，作为上课前的热身学习（建议摘选一些具有激发性或争议性的文章）。热身学习的目的在于激发管理者的表达欲，并使其对本次授课的主题有一个充分的了解。

学习目标

在课程结束并完成作业后，应建议管理者完成以下事项：

1. 讨论一对一会议的重要性。
2. 探讨如何提高一对一对话的技巧。
3. 在培训后的一个月内，与直接下属进行一对一会议。

培训师的目标

培训师需要完成一小时的培训课程。学员在课上对管理工作进行探讨时，培训师需要发挥催化剂的作用。

课程安排

十分钟： 简要讨论学前思考材料，如果布置过作业，请一并讨论（参见第四节）。分发讲义。

十五分钟： 概念模式或主题介绍。

十分钟： 利用激发性与共鸣性问题，对概念进行初步讨论。

十五分钟： 练习或应用。

十分钟： 最后的讨论以及布置作业。

激发性与共鸣性问题

1.是否有人与员工进行一对一会议？你多久这样做一次？

2.身为管理者如此忙碌，一对一的会议是否实用，是否值得让你付出宝贵的时间？

3.什么因素会对这种会议模式起到促进或破坏作用？

4.你和你的上级经常进行定期的一对一会议吗？同时说明原因。

概念模式

与员工进行一对一会议，是一种可以提高对话质量和执行力的管理方式。所有领导者都应每月与员工进行一次一对一会议谈话，或根据需要确定次数。

一对一会议是两个人之间的会议。这不是绩效评估，而是关

· 第二章 能量小时

于工作的定期业务讨论,讨论的内容是当前和未来的工作。一对一会议也可以在同事、团队成员、管理者和供应商之间进行。一对一对话最好控制在三十至六十分钟内,并且需要每周、每两周或每月举行一次。以下是在一对一会议中通常会讨论的一些主题:

- 项目状况
- 任务和工作的状态
- 阻碍和绊脚石
- 发生的变化
- 达成的目标
- 发展计划
- 探讨新程序或流程
- 分享意见和想法
- 其他问题与解决方案

以下为定期进行一对一会议的优点:

- 强调明确彼此的工作内容和工作重心。
- 更快地发现和解决问题。
- 改善沟通和加强关系——更好地互信与合作。
- 根据目标提升业绩能力。
- 提高执行力。
- 提高对企业发展的关注度,并贯彻落实好发展计划。

以下为进行一对一会议的缺点:

- 彼此需要付出时间。

- 虽然定期举行一对一会议,但其不能成为日常商务对话的替代品。
- 一对一会议与对话一样有效。它不一定具有开放性和坦率性,但一定充满活泼的气氛。
- 当一对一会议被推迟和重新安排时,会失去有效性。一对一会议需要在优先处理事项清单上占据重要地位。
- 有一些挑战和机遇应与整个团队共同讨论。

一对一会议通常由管理者发起,但不一定非得按照此方式进行,也可以鼓励员工根据需要与管理者进行一对一会议。

以下是一些使一对一会议更富有成效、更有趣和更有价值的方法:

√尽可能多地进行一对一会议,并且使其变得有意义。当举行次数不足,事情或问题积攒过多时,讨论将无法面面俱到,从而影响对话的质量。

√每周定期定时举行一对一会议,并尽量遵守时间。这将确保更多的一对一会议按计划进行。将会议地点安排在一个安静不受打扰的地方,通常会议室比办公室要好。

√制订一个定期议程,抽出一些时间来讨论临时主题。

√在会议上记笔记,会后发送电子邮件以确认所达成的一致意见。电子邮件内容应该与会上所讨论的工作和意见有关,而不是对话的细节。

√在参加会议时,准备好所需要讨论的信息和内容,并且提

第二章 能量小时

供一些报告和例子，以便开展良好的对话。尽量在会议过程中多解决一些问题。

√双方应提出多个问题，积极分享（视情况而定）一些意见和观点。如果在会议过程中，你所做的只是重新审视工作项目和任务状态，那么此会议将失去其意义和作用。管理者应该询问，在目前的工作中是否存在一些障碍、问题或对方是否有其他想法。员工在对话中应获得以下信息：意见反馈、相关工作变动和新的发展动态、目标业绩、一些即将出现的机遇和挑战。此外，双方都应该询问，自己通过哪些方式可以帮助对方达成目标。如果是同事之间进行一对一会议，应该说出工作中遇到的问题、即将发生的变化、出现的障碍，再征询对方的意见，以及他们如何帮助彼此获得成功。

√定期安排的一对一会议,应该专注于职业发展和职业目标。利用一些时间来讨论职业目标和发展，似乎最适合于管理者与员工一对一的会议模式。除此之外,同事之间也可以讨论各自的目标,这也是有益的。毕竟同事之间可以经常互相帮助，以提高自己的工作技能，丰富自己的经验。

√利用一些时间进行头脑风暴，并使其变得有趣！如果提出新观点是议程的常规事项，那么双方都需要分享各自的想法。

练习

要求管理者使用讲义中的内容，根据一对一会议的内容，制订会议议程。鼓励他们在未来两周内安排一次一对一会议。给他们十分钟的时间制订此议程，然后请他们分享议程内容。

作业

在下个月，与你的每个直接下属进行一次一对一会议。

> ## 讲义：能量小时十八——一对一会议
>
> 　　与员工进行一对一会议，是一种可以提高对话质量和执行力的管理方式。所有领导者都应每月与员工进行一次一对一会议谈话，或根据需要确定次数。
>
> 　　一对一会议是两个人之间的会议。这不是绩效评估，而是关于工作的定期业务讨论，讨论的内容是当前和未来的工作。一对一会议也可以在同事、团队成员、管理者和供应商之间进行。一对一对话最好控制在三十至六十分钟内，并且需要每周、每两周或每月举行一次。以下是在一对一会议中通常会讨论的一些主题：
>
> - 项目状况
> - 任务和工作的状态
> - 阻碍和绊脚石
> - 发生的变化
> - 达成的目标
> - 发展计划

・第二章 能量小时

- 探讨新程序或流程
- 分享意见和想法
- 其他问题与解决方案

以下为定期进行一对一会议的优点：
- 强调明确彼此的工作内容和工作重心。
- 更快地发现和解决问题。
- 改善沟通和加强关系——更好地互信与合作。
- 根据目标提升业绩能力。
- 提高执行力。
- 提高对企业发展的关注度，并贯彻落实好发展计划。

以下为进行一对一会议的缺点：
- 彼此需要付出时间。
- 虽然定期举行一对一会议，但其不能成为日常商务对话的替代品。
- 一对一会议与对话一样有效。它不一定具有开放性和坦率性，但一定充满活泼的气氛。
- 当一对一会议被推迟和重新安排时，会失去有效性。一对一会议需要在优先处理事项清单上占据重要地位。
- 有一些挑战和机遇应与整个团队共同讨论。

一对一会议通常由管理者发起，但不一定非得按照此方式进行，也可以鼓励员工根据需要与管理者进行一对一会议。

以下是一些使一对一会议更富有成效、更有趣和更有价值的方法：

√尽可能多地进行一对一会议，并且使其变得有意义。当举行次数不足，事情或问题积攒过多时，讨论将无法面面俱到，从而影响对话的质量。

√每周定期定时举行一对一会议，并尽量遵守时间。这将确保更多的一对一会议按计划进行。将会议地点安排在一个安静不受打扰的地方，通常会议室比办公室要好。

√制订一个定期议程，抽出一些时间来讨论临时主题。

√在会议上记笔记，会后发送电子邮件以确认所达成的一致意见。电子邮件内容应该与会上所讨论的工作和意见有关，而不是对话的细节。

√在参加会议时，准备好所需要讨论的信息和内容，并且提供一些报告和例子，以便开展良好的对话。尽量在会议过程中多解决一些问题。

√双方应提出多个问题，积极分享（视情况而定）一些意见和观点。如果在会议过程中，你所做的只是重新审视工作项目和任务状态，那么此会议将失去其意义和作用。管理者应该询问，在目前的工作中是否存在一些障碍、问题或对方是否有其他想法。员工在对话中应获得以下信息：意见反馈、相关工作变动和新的发展动态、目标业绩、一些即将出现的机遇和挑战。此外，双方都应该询问，自己通过哪些方式可以帮助对方达成目标。如果是同事之间进行一对一会议，应该说出工作中遇到的问题、即将发生的变化、出现的障碍，再征询对方的意见，以及他们如何帮助彼此获得成功。

√定期安排的一对一会议，应该专注于职业发展和职业目标。利用一些时间来讨论职业目标和发展，似乎最适合于管理者与员工一对一的会议模式。除此之外，同事之间也可以讨论各自的目标，这也是有益的。毕竟同事之间可以经常互相帮助，以提高自己的工作技能，丰富自己的经验。

√利用一些时间进行头脑风暴，并使其变得有趣！如果提出新观点是议程的常规事项，那么双方都需要分享各自的想法。

第二十五节 能量小时十九
——提高思维的活跃性

学前思考

在能量小时课程开始前,结合当下热点,查找一些简短有趣的材料与管理者分享,作为上课前的热身学习(建议摘选一些具有激发性或争议性的文章)。热身学习的目的在于激发管理者的表达欲,并使其对本次授课的主题有一个充分的了解。

学习目标

在课程结束并完成作业后,应建议管理者完成以下事项:

1. 讨论工作中思维活跃的重要性。
2. 找出员工敬业度提高或下降的关键因素。
3. 在接下来的一周内制订可提高员工敬业度的计划。

培训师的目标

培训师需要完成一小时的培训课程。学员在课上对管理工作进行探讨时,培训师需要发挥催化剂的作用。

· 第二章 能量小时

课程安排

十分钟： 简要讨论学前思考材料，如果布置过作业，请一并讨论（参见第四节）。分发讲义。

十五分钟： 概念模式或主题介绍。

十分钟： 利用激发性与共鸣性问题，对概念进行初步讨论。

十五分钟： 练习或应用。

十分钟： 最后的讨论以及布置作业。

激发性与共鸣性问题

1. 在工作中思维活跃的表现有哪些？

2. 如何判断我们的员工是否全身心投入工作中？

3. 员工没有全身心投入工作中的原因是什么？

4. 你知道员工的强项是什么吗？他们在工作中充分发挥自己的优势了吗？

概念模式

团队服务的宗旨是什么？为什么团队结构需要具有一定的优势？为什么我们不让个人单独完成工作任务？建立团队和发展团队的唯一理由是——成员可以集思广益，共同努力工作，增强工作兴趣和斗志，从而使企业变得更强大以取得更突出的成就。

作为团队的带头人，管理者需要确保团队成员能够共同努力

管理者 20 法则

工作，并取得出色的成绩。就像管理一样，团队工作是一种社会行为。团队的工作，建立在对话的基础上，其成员在工作中需要思考、协作、决定、协调、计划等等，一切都始于良好的思维和活跃的头脑。

有时聪明和勤奋的人的工作表现，远低于他们的实力和能力。很多时候，这可以归因于他们的倦怠，或者他们没有处于适合自己的岗位。然而，在大多数情况下，这是一个管理问题。团队成员的工作态度直接反映了管理者的管理效率，这个问题在很大程度上取决于管理者与员工的联系密切程度，以及如何最大化地发挥员工的优势。换句话说，无论从哪个方面分析，这都是管理者的错。团队成员有时可能会陷入困境，这是正常的现象。但如果你的团队中有人在工作过程中只是敷衍了事或走形式，那么这就是系统性管理方面出现了问题。

活跃的思维从角色塑造开始。作为管理者，你的思维活跃并全身心投入工作中了吗？如果没有，你要尽快解决这个问题，因为没有人会充满斗志地为一个精神不饱满且思想不活跃的领导而工作。

练习

将学员分成三到四个小组，讨论十分钟后，拟出一份清单，请他们说明在工作中可以通过哪些方法增强头脑的活跃性。然后，对每个小组进行提问。

· 第二章 能量小时

作业

在接下来的一周内，计划两到三件事以提高团队成员的敬业精神。

讲义：能量小时十九——提高思维的活跃性

团队服务的宗旨是什么？为什么团队结构需要具有一定的优势？为什么我们不让个人单独完成工作任务？建立团队和发展团队的唯一理由是——成员可以集思广益，共同努力工作，增强工作兴趣和斗志，从而使企业变得更强大以取得更突出的成就。

作为团队的带头人，管理者需要确保团队成员能够共同努力工作，并取得出色的成绩。就像管理一样，团队工作是一种社会行为。团队的工作，建立在对话的基础上，其成员在工作中需要思考、协作、决定、协调、计划等等，一切都始于良好的思维和活跃的头脑。

有时聪明和勤奋的人的工作表现，远低于他们的实力和能力。很多时候，这可以归因于他们的倦怠，或者他们没有处于适合自己的岗位。然而，在大多数情况下，这是一个管理问题。团队成员的工作态度直接反映了管理者的管理效率，这个问题在很大程度上取决于管理者与员工的联系密切程度，以及如何最大化地发挥员工的优势。换句话说，无论从哪个方面分析，这都是管理者的错。团队成员有时可能会陷入困境，这是正常的现象。但如果

管理者 20 法则

你的团队中有人在工作过程中只是敷衍了事或走形式,那么这就是系统性管理方面出现了问题。

活跃的思维从角色塑造开始。作为管理者,你的思维活跃并全身心投入工作中了吗?如果没有,你要尽快解决这个问题,因为没有人会充满斗志地为一个精神不饱满且思想不活跃的领导而工作。

活跃方面	实施方法
建立联系	尽可能使公司信息透明化。让你的团队了解事情发展动态。与同事和领导分享团队成员的反馈意见,让他们认为自己的想法受到了重视
精神活力	安排一些简短、调动员工积极性的私下商谈(注意商谈并不是会议)。建议人们白天不要总坐着,要多走动。聘用充满精神活力的员工,帮助团队成员管理压力,并确保大家没有持续性地超负荷工作
参与团队对话	提出有激发性和共鸣性的问题。询问每个人的意见,并对人们提出的意见表达感激——即使对方的观点和你对立。让人们对你所了解的、他们感兴趣的讨论主题进行评论。在会议开始之前告知将要讨论的问题,以便团队成员提前做好相应的准备工作
团队合作	询问团队或小组成员的建议。把他们分成小组或两人一组来处理工作事项。对小组取得的成绩应给予认可和鼓励

第二十六节　能量小时二十
——加强团队的合作精神

学前思考

在能量小时课程开始前，结合当下热点，查找一些简短有趣的材料与管理者分享，作为上课前的热身学习（建议摘选一些具有激发性或争议性的文章）。热身学习的目的在于激发管理者的表达欲，并使其对本次授课的主题有一个充分的了解。

学习目标

在课程结束并完成作业后，建议管理者完成以下事项：

1. 讨论团队合作的重要性。

2. 想出加强合作的方法。

3. 计划在下周召开一次关于团队合作的会议。

培训师的目标

培训师需要完成一小时的培训课程。学员在课上对管理工作进行探讨时，培训师需要发挥催化剂的作用。

课程安排

十分钟： 简要讨论学前思考材料，如果布置过作业，请一并讨论（参见第四节）。分发讲义。

十五分钟： 概念模式或主题介绍。

十分钟： 利用激发性与共鸣性问题，对概念进行初步讨论。

十五分钟： 练习或应用。

十分钟： 最后的讨论以及布置作业。

激发性与共鸣性问题

1. 合作意味着什么？和出色的团队合作具有哪些表现？
2. 你的企业文化鼓励团队合作还是注重个人贡献？
3. 如果某人想要晋升，那么当他们在合作或自己开辟新路时，是否更容易受到大家的关注？
4. 你的业绩成果是否由于缺乏合作受到了影响？

概念模式

大多数企业管理者会说他们想要合作，但很少有人知行合一。当管理者设定目标时，是否注意过这是个人的还是整个团队的目标？当填写绩效评估时，管理者是对个人还是对团队进行打分？晋升，给员工加薪、发奖金的标准是什么？个人成就或团队成就的标准是什么？在这里，我并不是在强调和说明个人优秀不是一件好事,实际上每个人都应该提高个人表现力。其次,我们应该把焦点放在如何平衡上,从而建立一个优秀的整体。

当人们时间充裕,容易与同事和团队成员沟通,有机会与他人一起工作或开展实践,能从一起工作中获得满足感和成就感时,人们就会更愿意合作。在工作环境中,无论是否存在上述条件,管理者都可以帮助员工创造上述的所有条件。

加强合作的团队,在工作中的表现会胜过那些缺乏合作的团队。如果增强了合作,就会看到团队工作效率的显著提高,工作业绩的明显提升。合作既是一种思维定式,也是一种行动方式。当团队成员集思广益、汇集想法、分担忧虑,将才能聚集在一起时,他们会相互增强实力,并避免使团队陷入困境中。这种自然的协同作用会在问题、压力或机遇出现时,对管理者及其团队起到积极的影响。管理者应确保自己的行为和语言能对有效的合作起到鼓励的作用。

练习

将学员分成三到四个小组,讨论十分钟后,拟出一份清单,请他们说明在工作中可以采取哪些措施来加强团队合作精神。然后,对每个小组进行提问。

作业

安排并召开团队会议,就当前开展或即将开展的项目或任务进行合作。

讲义：能量小时二十——加强团队合作精神

大多数企业管理者会说他们想要合作，但很少有人知行合一。当管理者设定目标时，是否注意过这是个人的还是整个团队的目标？当填写绩效评估时，管理者是对个人还是对团队进行打分？晋升，给员工加薪、发奖金的标准是什么？个人成就或团队成就的标准是什么？在这里，我并不是在强调和说明个人优秀不是一件好事，实际上每个人都应该提高个人表现力。其次，我们应该把焦点放在如何平衡上，从而建立一个优秀的整体。

当人们时间充裕，容易与同事和团队成员沟通，有机会与他人一起工作或开展实践，能从一起工作中获得满足感和成就感时，人们就会更愿意合作。在工作环境中，无论是否存在上述条件，管理者都可以帮助员工创造上述的所有条件。

加强合作的团队，在工作中的表现会胜过那些缺乏合作的团队。如果增强了合作，就会看到团队工作效率的显著提高，工作业绩的明显提升。合作既是一种思维定式，也是一种行动方式。当团队成员集思广益、汇集想法、分担忧虑，将才能聚集在一起时，他们会相互增强实力，并避免使团队陷入困境中。这种自然的协同作用会在问题、压力或机遇出现时，对管理者及其团队起到积极的影响。管理者应确保自己的行为和语言能对有效的合作起到鼓励的作用。

加强合作的方法

内容	加强合作的方法
会议方式和地点	团队成员围坐而谈,或以非正式对话的方式进行沟通与交流。确保将此活动安排在一个舒适和非正式会议的房间内。如果团队成员分布在不同的办公地点,确保定期将他们召集在一起,并建议他们使用一些通信工具,进行非正式和有计划的对话。确保他们能使用电话、电子邮件、网络电话、电话会议服务和网络研讨会软件等工具
交流与沟通	养成通过集体会议建立团队合作的好习惯。当人们带着问题或想法到管理者的办公室时,管理者应建议他们与几个同事先共同讨论(最终他们会在向管理者请教之前将问题解决,这是多么棒的一件事)
工作和任务	将项目和任务分配给团队、子团队、小组,让团队成员养成一起工作的习惯
目标和评估	确保至少有一半的员工的目标与团队、子团队以及小组的目标相吻合。根据在团队中个人的表现和业绩,对员工进行评估,考虑是否给其加薪、晋升和发奖金(但我不建议将评估与加薪挂钩)
文化建设	加强合作精神,并积极鼓励这种行为。管理者通过要求团队成员和同事与自己一起完成工作任务和项目,培养大家的团队合作精神。鼓励大家提出不同的意见和观点。当团队成员聚在一起进行非正式对话或会议时,要表现出支持的态度

第三章 使用和推广能量小时
USING AND PROMOTING POWER HOURS

第二十七节 宣传和启动能量小时

本节概要
- 宣传能量小时培训课程的特征和优势
- 向管理者推销能量小时培训课程
- 调整课程以产生最大影响力

宣传能量小时培训课程的特征和优势

培训师如果对管理培训能量小时课程感兴趣,那么可能也想知道"应该如何招募重量级学员"。我在这里使用"招募"一词,是因为招募比推销更好。二者的区别就是,当你成功地向人们推销出自己的方法时,只是因为你已经说服了他们,所以他们才更乐意用你推荐的方式去做某事,这可能是我们取得的最好的结果。但有时这种推销方式并不像招募那样具有一定的影响力。当你招募学员加入此培训课程时,他们会发自内心地接受,并认为此观点或方法与自己的出发点相吻,致使他们成为该计划或项目的传播者。

当你推销时,应做如下事项:

√提供支持你的论点或建议的信息,用事实说服他人。

√说明推荐的理由。

√寻求意见一致。

当你招募学员时,应做如下事项(参见以下简要内容):

√说明企业的目前需求、当前发展形势和所遇阻碍,并与管理者达成一致意见,对当前形势建立共识。以下是一些可以让他人参与,并支持能量小时管理培训课程的内容:

1. 我们希望不断培养管理者的管理能力,以满足企业不断扩大的复杂需求。

2. 管理者很忙,我们的培训课程会尊重他们的宝贵时间。

3. 我们希望创建一个在各种论坛中都能进行学习的环境。

4. 管理培训师与管理者建立牢固的关系是非常重要的,因为牢固的关系对于他们来说具有一种支持作用,将非常有帮助。

5. 培训师应根据公司的目标和战略,列出最重要的两个或三个企业发展需求。

√提供信息。分享相关信息,使其他人能够看到问题的所有方面,并提出他们自己的观点。你可以提供支持能量小时课程的相关内容:

1. 管理者的数量和办公地点。

2. 对以前的培训课程的结果或看法。

3. 非正式培训的入门读物。

4. 管理培训师的技能和承诺。

√强调抓住机会。如果管理者通过参加少量的培训课程,就

· 第三章 使用和推广能量小时

可以促进企业的发展，提高管理效率，那他们为什么不利用此机会试一下呢？通过展现你的热情和承诺，分享你想要做的事情。如果人们能够看到并感到你所散发的能量和动力，他们就会受到感染。你可以通过以下方法：

1. 从几个小型管理团队开始培训。

2. 每月通过一个小时的员工会议时间，进行课程培训。

√阐明四个要点。课程如何发展，主要目标，整体计划，以及它们所包含的主要内容。另外，让人们在此过程中成为你的合作伙伴。为了促进非正式对话（例如能量小时），以下是建立合作关系的一些方法：

1. 先从招募一位重量级学员开始，然后利用其团队作为此培训课程的一个试点小组。选取一节简单的，并能吸引到此小组成员的能量小时课程。

2. 邀请五六位企业领导参加"午餐会议"讨论，然后你可以选择一节能量小时进行培训。在午餐会议期间，一边吃比萨，一边进行对话，寻求大家的反馈意见。最后关于培训试点活动，寻求他们的支持和配合。

√进行开诚布公的对话。关于能量小时培训课程，你可以与人们进行开放式的对话：

1. 询问人们所关注的问题，以及他们是否认为你的方法切实可行。

2. 询问重要的管理主题或相关需求，并且应在能量小时培训课程中给予解决。

3. 将能量小时课程作为一节公开课向人们提供。

4. 询问人们衡量成功的标准是什么。

√使人们持续参与并了解该培训计划。你可以通过多种方式，让人们了解能量小时课程的最新动态：

1. 说明能量小时的理念基础：提高对话质量和水平，让其发挥重大的作用。

2. 提高与重量级学员的对话质量，并加强与他们的联系。

3. 坦然接受一切挫折，并寻求管理者的所有反馈意见，无论意见是赞扬的还是批评的，都要积极听取。将所有反馈都看成是馈赠的礼物，并对课程和与之相关的事项做出适当的调整。

招募培训学员的方法

· 说明企业目前的需求、当前发展形势和所遇阻碍，并与管理者达成一致意见。

· 提供信息。

· 强调抓住机会的重要性。

· 阐明四个要点。课程如何发展，其目的和计划是什么，以及它们所包含的主要内容。

· 进行开诚布公的对话。

· 使人们持续参与并了解该培训计划。

·第三章 使用和推广能量小时

在招募过程中,我们不会遇到太多的阻碍,因为这种方法易于尝试,并且还会满足管理者的需求。招募学员的另一种方法是,先让重量级学员上一节能量小时培训课程,然后再解释此套课程的整体思路,以及如何使用它们。让人们亲耳去听、亲身感受和体验这种课程,从而提高学员的招募率。

向管理者推销能量小时培训课程

管理者喜欢根据他们的日程表安排课程时间。另外,他们会关注所讨论的每个主题的互动性和相关性。然而,在推进能量小时课程之前,你可以与管理者进行二十分钟的对话,告诉他们有关培训计划的内容,并询问他们的意见和建议:

· 最适合他们的培训时间和日期。

· 他们认为有帮助的主题(你应该列出一张表,然后询问有关表上没有列出的其他主题)。

· 每次课程的最佳培训地点。

· 培训的频率以及是否应该重复讨论主题。

保持会议简短,严格把控时间。你需要向他们证明:他们的时间是宝贵的,你会珍惜使用。这种类型的对话,会在很大程度上帮助你招募学员——管理者,让你对其进行培训。

调整课程以产生最大影响力

如果你的重量级学员已经报名参加了培训课程,而且他们还

管理者 20 法则

迫不及待地想要开始，就说明这是个很好的开端！现在，你需要确保自己已经为课程的成功做好了充足的准备。你可以通过以下几种方式对培训部门进行调整，以提供高质量的能量小时培训课程：

· 先利用前几节能量小时课程，在培训部门内进行实践。让每个人都体验此课程，并鼓励大家对课程调整提出宝贵的意见。

· 培训师不要给自己安排过多的课程。如果管理培训师全天都排满了课程，那么将无法抓住一切适当、可利用的培训机会提供课程。能量小时培训课程遵循自由和灵活的模式，因此培训师需要在日程安排方面具有一定的灵活性。

· 以完美服务为导向。根据管理者的时间和要求提供培训课程，最大化满足他们的需求。有时甚至需要在周末或晚上，通过"午餐会议"的方式进行培训。一旦管理者认同你的培训模式，他们就会倾向于与你合作，最终实现双赢。

在使用能量小时进行培训的过程中，思维灵活、反应迅速是所有优秀服务团队应具备的品质。所以，这种培训方法可能很适合部门的当前实践。

读后实践

· 选取几节能量小时课程，培训师先对自己所在的培训部门和人力资源部门进行培训，将其作为你的课程实验对象。

· 整理招募重量级学员和其他管理者所需的信息，招募课程的传播者。

第二十八节 制订年度培训计划

本节概要

- 为什么要制订全年培训计划?
- 课程示例
- 计划表示例

为什么要制订年度计划?

如果要你用能量小时课程进行为期一年的培训,你将如何安排课程?具体计划是什么?准备设定怎样的目标?

我认为培训师需要保持专注和活力,必须提高公司内部的对话水平,因为良好的对话质量会提高学员的决策能力和行动成效。

建议培训师在使用能量小时课程时,提前制订一个年度管理培训计划。制订计划后你会发现,此课程模式需要不同的培训流程和资源,而不是传统的课程时间表。相对于正规的大公司而言,在小型公司中进行这些非正式的对话会议需要一定的协调能力。此外,管理培训师需要做好准备,愿意并且能够成为对话催化剂,并能主动利用更多的时间来推动小组对话(此事值得花时间)。你还应该规划培训时间,并寻求引起激发性和共鸣性的问题或材料，为本书中未涉及的主题制订课程。

课程示例

　　本书围绕基本的管理主题，提供了二十节能量小时课程。培训师如果需要制订一项具有影响力的年度培训计划，那么就可以根据本书中的课程模式，制订更多的能够满足你培训业务或管理者特定需求的课程。在你目前所工作的公司中，是否需要定期开发并推出新的产品或项目？如果需要，请制订几个能量小时课程以讨论产品开发、创新和项目管理方面的最新技术。如果你的公司，作为服务提供商，面临着新的或激烈的竞争，你首先要规划自己的课程内容，以解决相关的问题或需求，提高服务质量。另外，当公司经济低迷时，你需要提供几节课程，以帮助管理者提高员工保有率。当公司开始制订明年的预算计划时，你需要制订一至两节课程，以解决特定的问题和预算要求。

　　在制订一个新的能量小时课程时，我会选出一个自认为有帮助的概念或方法，并围绕该方法建立对话。重要的是，不要在一节课程中提出多个对话主题。也不要提供一张包含十种技能的清单，并期望这次对话产生很大的作用。每次课程都需要围绕一个主题进行深入探讨，而不是扩展其宽度。以下是关于能量小时课程主题的正反面示例：

　　√正面：什么是合适的工作？

　　√反面：员工关系沟通技巧。

· 第三章 使用和推广能量小时

√正面：发现制约因素。

√反面：流程改进。

√正面：提高预算准确性的习惯方法。

√反面：审核今年预算的执行过程和截止日期。

高质量的对话会对主题进行深入的讨论。管理者对有意义的业务主题，探讨得越是深入细致，将越有助于他们达成更好的结果。每当我看到人们在会议结束后，手持一份培训资料，里面包括许多主题时，我就会为此感到遗憾。因为课程中对每个主题的涉及都极少，这是在浪费时间。能量小时可以成为管理对话的亮点，并可以帮助人们在其他会议中进行更深入的对话。

计划表示例

如果你已经准备制订一份能量小时课程的年度计划，并对管理者进行培训，那就太棒了！为了帮助你提升创造力，我提供了两个示例计划表，以供你参考和修改。最重要的因素是管理团队的规模和团队的工作地点，以及你开展培训工作时所需要的管理培训师的人数。

培训频率：每月一次

第一个计划表为下面的表 28.1，该表是以慢节奏为基础，再提供相应的课程内容。如果你所在公司参加培训的管理者人数过多，就需要在不同的地点，对不同的管理者分别进行培训。另外，我建议在年初和年末时,提供一些更具反思性的课程内容,因为年初和年末是自我评估和达成目标的最好时机。

表 28.1 培训频率:每月一次

月份	能量小时	月份	能量小时
一月	4.管理 A-B 框	七月	12.会议的召开
二月	5.管理过滤器	八月	13.管理时间
三月	7.大满贯全垒打	九月	16.学会何时和如何拒绝
四月	8.定义优秀	十月	10.如何制订计划
五月	9.传达期望值	十一月	17.根据目标调整部门
六月	11.结果导向反应	十二月	15.领导力传承

培训频率:每月两次

以表 28.2 为例,该计划表非常适合规模较小或制度更灵活的企业,这种类型的公司准备随时向前发展,管理者较少,并且至少有一名管理培训师做培训工作。

我建议利用能量小时课程,对管理者每两周进行一次培训,并让对话充满活力!

· 第三章 使用和推广能量小时

表 28.2 培训频率：每月两次

月份	能量小时	月份	能量小时
一月	1. 现代管理 2. 对你的期望值	七月	12. 会议的召开 （并自己制订一节能量小时课程）
二月	4. 管理A-B框 5. 管理过滤器	八月	13. 管理时间 16. 学会何时和如何拒绝
三月	7. 大满贯全垒打 8. 定义优秀	九月	14. 内部客户服务质量 （并自己制订一节能量小时课程）
四月	6. 确定衡量指标 9. 传达期望值	十月	10. 如何制订计划 17. 根据目标调整部门
五月	19. 提高思维的活跃性 20. 加强团队的合作精神	十一月	18. 一对一会议 （并自己制订一节能量小时课程）
六月	11. 结果导向反应 （并自己制订一节能量小时课程）	十二月	3. 管理和提高自己的声誉 15. 领导力传承

读后实践

制订适合你所在公司需求的计划。如果商务对话进行得非常顺利,并且主题具有高度相关性,那你几乎不会出错。为管理培训能量小时课程建立活跃的气氛,并调节你的管理培训课程,以取得成功。

第二十九节 结语

作为管理培训师,我们的目标是期待管理者在管理方面获得成就,希望我们的努力有助于他们取得更好的成果。管理是一种技巧,是一系列随着时间的推移而培养的技能、能力。当管理者培养自己的技能时,管理培训项目可以起到支持的作用,帮助他们逐渐成为出色的管理者和领导者。

一次培训活动或不经常举行的为期数天的培训课程,虽然有助于开展对话,但它们对管理者来说有很大的不利影响。一旦培训课程结束,等待他们的可能是一系列的待办事项清单,在培训课程中学习的经验也会被抛诸脑后。最终,他们美好的愿望会"让位"于参加培训课程时所积压的待办事项。

许多管理者都希望能接受培训,但他们每天忙于公司事务,很难抽出一天或一周的时间参加培训。我们不希望管理者因参加我们的培训而感到担忧。

能量小时培训课程用时少,同时将重点聚焦于发展。对于技能培养而言,在一年中只有持续开展对话才能达成目标。此课程为管理培训专业人员提供了一种方法,可以生动有效地探讨良好的管理实践和方法。你或许听过这样一句话:"眼不见,心不烦。"

培训和发展也是如此，如果对话不能持续，那么对话内容就会被遗忘，技能也会随之荒废。

培训专业人员，要像其他部门一样，利用更少的资源，创造更大的财富。相比许多其他的培训项目，能量小时课程需要采取更加高效率的方法。能量小时课程的成本非常低，你无须支付高额的许可费，制作精美昂贵的培训材料，或引进高科技的培训设施。能量小时课程具有高接触、低技术、适应性强的特征。此课程可以量身定制，以更好地应对当前的管理挑战和机遇。

能量小时培训课程可以作为管理培训计划的基础，也可以对其他传统培训计划起到补充的作用。我倾向于前者，因为它们需要人与人之间的高度接触、现实交融，正因为这样，能量小时培训课程可以帮助管理培训师与管理者建立更牢固的关系。这种关系将有助于培训部门了解发展需求，并调节培训计划，以取得更好的结果。

管理是一种社会行为。管理培训也是一种社会行为，它发生在对话和人际关系中。管理培训能量小时课程，将帮助管理者最大限度地提高管理能力，并对企业的成功做出卓越的贡献。

关于作者
About The Author

丽莎·汉娜伯格在企业管理、领导力提升、个人成就和企业成功管理等领域，是一名出色的专家。她在企业发展、管理和领导力培训，以及人力资源管理方面都提供咨询服务。汉娜伯格还提供综合培训解决方案，以及个人和团体培训服务。她是一位热情、有趣的培训师和演讲者，提供各种与领导力和管理问题相关的培训和会议。

她写的第一本书是《深入影响中层管理者：如何在中层茁壮成长》（Adams Media 出版社，2005），这本书提出了开创性的管理理论，其目标读者是专业的中层管理者。之后，她还撰写了《企业发展基础知识》（ASTD 出版社，2005）、《培训基础知识》（ASTD 出版社，2006）、《像激光束一样专注：做最重要事情的十种途径》（Jossey Bass 出版社，2006）、《两周实现一个突破：如何在十四天或更短的时间内向目标迈进》（Jossey Bass 出版社，2007）、《成为成功管理者的十个步骤》（ASTD 出版社，

2007）。

汉娜伯格通过名为"管理技巧"（www.managementcraft.com）的热门博客，吸引了全球各地的读者粉丝。她在此博客上为企业领导、管理者以及培养师提供相关资源和观点。她在主要网站（www.lisahaneberg.com）上，重点介绍了她的产品和服务。

在过去的二十五年里，丽莎与各级企业领导，以及多种类型和规模的组织合作，包括高科技制造业，分销、制造和服务业，电子零售和分销业，旅游、休闲产品和服务业，以及泰国政府。她在美国马里兰大学获得了行为科学学士学位，并在约翰斯·霍普金斯大学、俄亥俄州立大学和戈达德学院攻读研究生课程。

现在，丽莎·汉娜伯格与她的丈夫、一只猫和四只狗，住在美丽的太平洋西北地区。她喜欢旅行、阅读、写作，并爱在蜿蜒的公路上骑着摩托车探索世界。